- Kymmenen vitsausta -

Niskoitteleva
elämä

Ja

Kuuliainen
elämä

Dr. Jaerock Lee

URIM
BOOKS

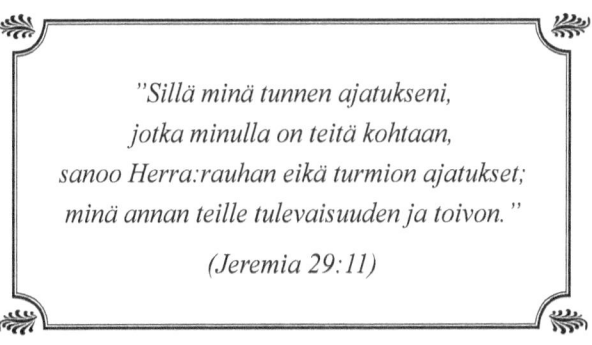

"Sillä minä tunnen ajatukseni,
jotka minulla on teitä kohtaan,
sanoo Herra: rauhan eikä turmion ajatukset;
minä annan teille tulevaisuuden ja toivon."

(Jeremia 29:11)

Niskoitteleva elämä ja Kuuliainen elämä

Englanninkielinen alkuteos Life of Disobedience and Life of Obedience
by Dr. Jaerock Lee
Julkaisija Urim Books (Edustaja: Kyungtae Noh)
73, Yeouidaebang-ro 22-gil, Dongjak-gu, Seoul, Korea
www.urimbooks.com

Copyright © 2014 by Dr. Jaerock Lee
ISBN: 978-89-7557-933-2 03230
Suomenkielisen laitoksen Copyright © 2010 by Dr. Esther K Chung.
Käytetty luvalla.

Julkaistu aikaisemmin koreaksi 2007, Urim Books, Seoul, Korea

Ensimmäinen painos Elokuu 2014

Toimittanut: Geumsun Vin
Suunnittelu: Editorial Bureau of Urim Books
Painaja: Yewon Printing Company
Lisätietoja varten ota yhteyttä: urimbook@hotmail.com

Alkusanat

Yhdysvaltojen sisällissodan ollessa kiivaimmillaan maan 16. presidentti Abraham Lincoln julisti paastoamisen ja rukouksen päivän huhtikuun 30. päivänä vuonna 1863.

”Tämän päivän kauheudet saattavat olla rangaistus isiemme tekemistä synneistä. Me olemme olleet liian ylpeitä menestyksestämme ja rikkaudestamme. Me olemme olleet niin rikkaita että me olemme unohtaneet rukoilla meidät luonutta Jumalaa. Meidän täytyy tunnustaa maamme synnit ja pyytää Jumalalta armoa nöyrin sydämin. Tämä on Amerikan Yhdysvaltojen kansalaisten velvollisuus.”

Lukuisat amerikkalaiset pidättäytyivät syömisestä päivän ajan ja rukoilivat paastoten tämän suuren johtajan kehotuksen mukaisesti.

Lincoln rukoili nöyrästi Jumalaa ja pelasti Yhdysvallat rikki repeytymisen uhkan edessä. Itse asiassa me voimme kaikki löytää Jumalasta vastauksen ongelmiimme.

Lukuisat saarnaajat ovat saarnanneet evankeliumia vuosisatojen ajan mutta silti monet ihmiset eivät kuuntele Jumalan sanaa, sanoen että he mieluimmin uskovat itseensä.

Tänä päivänä lämpötilat muuttuvat ja luonnonkatastrofit iskevät ympäri maailmaa. Jopa nykyajan lääketieteen kehityksestä huolimatta monet uudet ja vastustuskykyiset sairaudet muuttuvat yhä tarttuvammiksi.

Ihmiset saattavat uskoa itseensä. Ihmiset saattavat ottaa Jumalasta etäisyyttä mutta kun me katsomme mitä heidän elämänsä pitävät sisällään me emme voi olla käyttämättä sellaisia sanoja kuin ahdistus, kipu, köyhyys ja sairaus.

Ihminen voi menettää terveytensä yhdessä päivässä. Jotkut ihmiset menettävät rakkaan perheenjäsenen tai koko omaisuutensa onnettomuuksien tähden. Toisilla taas saattaa olla paljon vaikeuksia liikeasioidensa tai työpaikkansa suhteen.

He saattavat kysyä: "Miksi nämä asiat tapahtuvat juuri minulle?" He eivät kuitenkaan tiedä kuinka päästä tilanteesta eteenpäin. Monet uskovat käyvät läpi koettelemuksia ja vaikeuksia tietämättä kuinka päästä niistä eroon.

Kaikella on kuitenkin syynsä. Myös kaikilla ongelmilla ja

vaikeuksilla on syynsä.

Egyptiä kohdanneet kymmenen vitsausta sekä Exodukseen kirjatut pääsiäistä koskevat säännöt vihjaavat meille kuinka kaikenlaisiin ihmisten nykypäivänä kohtaamiin ongelmiin voidaan löytää ratkaisu.

Egypti viittaa hengellisesti koko maailmaan ja Egyptin kymmenen vitsauksen opetus koskee jokaista ympäri maailmaa asuvaa henkilöä myös tänäkin päivänä. Ihmiset eivät kuitenkaan ymmärrä kymmeneen vitsaukseen kätkeytyvää Jumalan tahtoa.

Raamattu ei puhu 'kymmenestä vitsauksesta', ja siten monet ihmiset sanovat että kyseessä oli yksitoista tai jopa kaksitoista vitsausta.

Ensimmäiseen näkemykseen lukeutuu myös se kuinka Aaron muutti sauvan käärmeeksi. Käärmeen näkeminen ei kuitenkaan aiheuta mitään vahinkoa ja siten sen laskeminen vitsaukseksi on hieman hankalaa.

Erämaassa elävillä käärmeillä on kuitenkin vahvaa myrkkyä joka voi tappaa ihmisen yhdellä puraisulla, ja siten pelkästään käärmeen näkeminen saattaa aiheuttaa meille pelkoa. Tämän tähden jotkut laskevat myös tämän vitsaukseksi.

Jälkimmäiseen vaihtoehtoon kuuluu sekä sauvan muuttuminen käärmeeksi että egyptiläisten sotilaiden kuolema Punaisessa meressä. Israelin kansa ei ollut vielä ylittänyt Punaista merta tuolla hetkellä ja siten jotkut pitävät myös tätä yhtenä vitsauksista. Tärkeintä ei ole kuitenkaan vitsausten lukumäärä vaan niiden hengellinen merkitys sekä niihin sisältyvä Jumalan johdatus.

Tässä kirjassa verrataan toisiinsa Jumalan sanaa vastaan niskoitelleen faaraon elämää ja tottelevaista elämää eläneen Mooseksen elämää. Kirja puhuu myös Jumalan rakkaudesta. Jumalan, joka rajattomassa myötätunnossaan antaa meidän pääsiäisjuhlan, ympärileikkausta koskevan lain sekä happamattoman leivän juhlan kautta kuulla tiestä pelastukseen.

Faarao todisti Jumalan voimaa mutta silti niskoitteli Häntä vastaan, langeten sitten peruuttamattomasti. Israelilaiset olivat kuitenkin turvassa kaikilta luonnonilmiöiltä sillä he noudattivat Jumalan tahtoa.

Jumala kertoo meille kymmenestä vitsauksesta siitä syystä että me voisimme ymmärtää miksi me kohtaamme vaikeuksia ja koettelemuksia, ja jotta me voisimme ratkaista kaikki elämässämme olevat ongelmat ja elää vaikeuksista vapaata elämää.

Puhumalla niistä siunauksista joita me saamme osaksemme jos me noudatamme Hänen tahtoaan Hän haluaa meidän ottavan taivaallisen kuningaskunnan haltuumme Hänen lapsinaan.

Tätä kirjaa lukevat löytävät tämän kautta avaimet joilla ratkaista elämän ongelmia. He tulevat tuntemaan kuinka hengen jano tyydyttyy samalla tavalla kuin sade tuntuu makealta pitkän kuivuuden jälkeen, ja heitä ohjataan vastausten ja siunausten tielle.

Minä anna kiitokseni Geumsun Vinille, käännöstoimiston johtajalle, sekä kaikille työntekijöille jotka ovat tehneet tämän teoksen julkaisemisen mahdolliseksi. Minä rukoilen Herran Jeesuksen Kristuksen nimessä että kaikki tämän lukijat eläisivät kuuliaista elämää jotta he voisivat saada osansa Jumalan ihmeellisestä rakkaudesta ja siunauksista.

Heinäkuu 2007

Jaerock Lee

Sisältö

Alkusanat

Niskoitteleva elämä · 1

Luku 1
Egyptiä kohdanneet kymmenen vitsausta · **3**

Luku 2
Niskoitteleva elämä ja vitsaukset · **19**

Luku 3
Veren, sammakoiden ja sääskien vitsaukset · **31**

Luku 4
Paarmojen, ruton ja paiseiden vitsaukset · **49**

Luku 5
Rakeiden ja heinäsirkkojen vitsaukset · **65**

Luku 6
Pimeyden ja esikoisten kuoleman vitsaukset · **79**

Kuuliaisesta elämästä · 93

Luku 7
Pääsiäinen ja tie pelastukseen · **95**

Luku 8
Ympärileikkaus ja pyhä ehtoollinen · **111**

Luku 9
Exodus ja happamattoman leivän juhla · **127**

Luku 10
Kuuliaisuuden ja siunausten elämä · **141**

Niskoitteleva
elämä

Mutta jos sinä et kuule Herran, sinun Jumalasi, ääntä
etkä tarkoin pidä kaikkia hänen käskyjänsä ja
säädöksiänsä,
 jotka minä tänä päivänä sinulle annan,
niin kaikki nämä kiroukset tulevat sinun päällesi
ja saavuttavat sinut.
Kirottu olet sinä kaupungissa
ja kirottu olet kedolla.
Kirottu on sinun korisi ja sinun taikinakaukalosi.
Kirottu on sinun kohtusi hedelmä ja maasi hedelmä,
kirotut sinun raavaittesi vasikat ja lampaittesi karitsat.
Kirottu olet tullessasi
ja kirottu olet lähtiessäsi.
(5. Moos. 28:15-19).

Luku 1

Egyptiä kohdanneet
kymmenen vitsausta

Exodus 7:1-7

Mutta Herra sanoi Moosekselle: "Katso, minä asetan sinut jumalaksi faraolle, ja veljesi Aaron on oleva sinun profeettasi. Puhu kaikki, mitä minä sinun käsken puhua; ja Aaron, sinun veljesi, puhukoon faraolle, että hän päästää israelilaiset maastansa. Mutta minä paadutan faraon sydämen ja teen monta tunnustekoa ja ihmettä Egyptin maassa. Ja farao ei kuule teitä, mutta minä asetan käteni Egyptiä vastaan ja vien pois joukkoni, kansani, israelilaiset, Egyptin maasta, toimittaen suuret rangaistustuomiot. Ja egyptiläiset tulevat tietämään, että minä olen Herra, kun minä ojennan käteni Egyptin yli ja vien pois israelilaiset heidän keskeltänsä." Ja Mooses ja Aaron tekivät, niinkuin Herra oli heitä käskenyt; niin he tekivät. Mutta Mooses oli kahdeksankymmenen vuoden vanha ja Aaron kahdeksankymmenen kolmen vuoden vanha, kun he puhuivat faraon kanssa.

Kaikilla on oikeus olla onnellinen mutta suurin osa ihmisistä ei kuitenkaan tunne oloaan onnelliseksi. Erityisesti nykyajan maailma on niin täynnä erilaisia onnettomuuksia, sairauksia ja rikoksia että on vaikea taata jokaisen onnellisuus.

On kuitenkin joku joka tahtoo meidän kokevan onnea enemmän kuin kukaan muu. Tämä joku on meidät luonut Isä Jumala. Vanhempien sydämessä asuu toivo antaa lapsilleen kaikki mikä on mahdollista näiden lasten onnellisuuden takaamiseksi. Meidän Jumalamme rakastaa meitä paljon enemmän kuin mikään vanhempi ja Hän haluaa siunata meitä enemmän kuin yksikään vanhempi haluaa siunata lastaan.

Kuinka Jumala voisi koskaan haluta Hänen lastensa kokevan ahdistusta tai katastrofeja? Mikään ei voisi olla kauempana siitä mitä Jumala meille haluaa.

Me voimme ymmärtää kuinka myös vitsaukset olivat osa Jumalan rakkautta jos me pystymme ymmärtämään kymmenen vitsauksen hengellisen merkityksen sekä niihin kätkeytyvän Jumalan johdatuksen. Me voimme tällöin myös oppia kuinka välttää vastoinkäymisiä. Me voimme nähdä kuinka selviytyä jopa katastrofienkin uhatessa ja kuinka jatkaa siunausten tiellä.

Monet ihmiset eivät usko Jumalaan kohdatessaan vaikeuksia vaan sen sijaan alkavat valittaa Häntä vastaan. Jopa uskovien joukossa on ihmisiä jotka eivät ymmärrä Jumalan sydäntä kohdatessaan vaikeuksia. He menettävät uskonsa ja uppoavat epätoivoon.

Job oli Idän rikkain mies. Hän ei kuitenkaan aluksi ymmärtänyt Jumalan tahtoa kun hän kohtasi koettelemuksia. Hän puhui ikään kuin hän olisi odottanut että häntä kohdanneet asiat tulisivat kohtaamaan häntä. Tämä näkyy Jobin luvussa 2:10. Hän sanoi että hän oli saanut Jumalalta siunauksia ja siten oli mahdollista että hän tulisi saamaan Häneltä myös vastoinkäymisiä. Hän kuitenkin käsitti väärin luullessaan että Jumala antoi siunauksia ja vastoinkäymisiä ilman syytä tai suunnittelemattomasti.

Jumalan sydämessä ei ole meitä varten mullistuksia vaan pelkkää rauhaa. Ennen kuin me syvennymme Egyptiä kohdanneisiin kymmeneen vitsaukseen syventykäämme tuon ajan tilannetta ja olosuhteita.

Israelilaisten synty

Israel on Jumalan valittu kansa. Me voimme nähdä selvästi Jumalan johdatuksen ja tahdon tämän kansan historiasta. Israel oli nimi joka annettiin Jaakobille, Aabrahamin pojanpojalle. Israel tarkoittaa *"sinä olet taistellut Jumalan ja ihmisten kanssa ja olet voittanut"* (Genesis 32:28).

Iisak oli Aabrahamin poika joka sai itse kaksoispojat. Heidän nimensä olivat Eesau ja Jaakob. Tavallisesta poikkeavasti nuorempi poika, Jaakob, piti kiinni veljensä Eesaun kantapäästä kun he syntyivät. Jaakob halusi itselleen esikoispojan oikeudet Eesaun sijaan.

Tämän tähden Jaakob myöhemmin osti esikoisoikeudet Eesaulta leivällä ja linssikeitolla. Hän myös petti isäänsä Iisakia saadakseen itselleen Eesaun esikoisoikeudet.

Nykyään ihmiset ovat muuttuneet hyvin paljon ja he jättävät perintönsä poikiensa lisäksi myös tyttärilleen. Aikaisemmin esikoispojat kuitenkin saivat isänsä koko perinnön. Myös Israelissa esikoispoikien saamat siunaukset olivat suuria.

Raamattu kertoo meille että Jaakob sai esikoispojan siunaukset petollisella tavalla. Hän kuitenkin tahtoi todella saada Jumalan siunauksia. Hänen täytyi käydä läpi monenlaisia vaikeuksia ennen kuin hän sai näitä siunauksia. Hänen täytyi paeta veljeään. Hän palveli Laaban-setäänsä 20 vuoden ajan, ja tänä aikana tämä setä petti ja huijasi häntä useaan otteeseen.

Palatessaan kotikaupunkiinsa Jaakob oli yhä hengenvaarallisessa tilanteessa sillä hänen veljensä oli hänelle yhä todella vihainen. Jaakobin täytyi käydä nämä vaikeudet lävitse sillä hän omasi ovelan mielen jolla hän ajoi omia etujaan.

Jaakob kuitenkin pelkäsi Jumalaa kaikkea muuta enemmän, ja siten hän tuhosi ylpeytensä ja 'itsensä' näiden koettelemusten kautta. Lopulta hän sitten sai Jumalan siunauksia ja Israelin valtio muodostui hänen 12 poikansa kautta.

Exoduksen taustaa ja Mooses

Miksi israelilaiset asuivat Egyptissä orjina?

Israelin isä, Jaakob, suosi yhdettätoista poikaansa, Joosefia. Joosef syntyi Raakelista, Jaakobin rakkaimmasta vaimosta. Tämä synnytti Joosefin velipuolissa kateutta ja lopulta hänen veljensä myivät Joosefin Egyptiin orjaksi.

Joosef pelkäsi Jumalaa ja toimi kaikessa moitteettomasti. Hän kulki kaikessa Jumalan kanssa ja 13 vuoden sisällä siitä kun hänet myytiin Egyptiin hänestä tuli kuninkaan jälkeen korkea-arvoisin hallitsija koko Egyptin maassa.

Lähi-Itä kärsi suuresta kuivuudesta ja Joosefin suosion alaisena Jaakob ja hänen perheensä muuttivat Egyptiin. Egypti välttyi tämän suuren kuivuuden tuhoilta Joosefin suuren viisauden tähden, ja siten sekä faarao että egyptiläiset kohtelivat Joosefin perhettä erittäin hyvin antaen heille maata Goshenista.

Useiden sukupolvien kuluessa israelilaisten lukumäärä lisääntyi. Egyptiläiset alkoivat tuntea olonsa uhatuksi. Joosefin kuolemasta oli jo satoja vuosia ja tämän tähden egyptiläiset olivat unohtaneet hänen tekonsa.

Loppujen lopuksi egyptiläiset alkoivat vainota israelilaisia ja he tekivät kansasta orjia. Israelilaisten oli pakko tehdä rankkaa pakkotyötä.

Pysäyttääkseen israelilaisten lukumäärän kasvun faarao komensi juutalaisia kätilöitä tappamaan kaikki vastasyntyneet poikavauvat.

Mooses, Exoduksen johtaja, syntyi synkkään aikaan.

Hänen äitinsä näki että hän oli kaunis lapsi, ja hän kätki Moosesta kolmen kuukauden ajan. Koitti kuitenkin aika jolloin hän ei enää pystynyt pitämään Moosesta salassa ja hän asetti pojan kaislakoriin ja kätki korin Niilin kaislikkoon.

Tuona hetkenä Egyptin prinsessa saapui kylpemään Niilissä. Hän näki korin ja tahtoi ottaa vauvan itselleen. Mooseksen sisko näki mitä tapahtui ja hän suositteli nopeasti Jokebediä, Mooseksen oikeaa äitiä, lapsenhoitajaksi. Näin Mooseksen oikea äiti kasvatti hänet.

Luonnollisesti Mooses oppi Aabrahamin, Iisakin ja Jaakobin Jumalasta sekä israelilaisista.

Faaraon palatsissa kasvaessaan Mooses oppi kaikenlaista tietoutta joka auttoi ja valmisti häntä johtajaksi. Samanaikaisesti hän myös oppi asioita kansastaan sekä Jumalasta. Hänen rakkautensa Jumalaa sekä hänen kansaansa kohtaan kasvoi.

Jumala valitsi Mooseksen Exoduksen johtajaksi, ja hän oppi ja harjoitti syntymästään saakka johtajuutta ja hallitsemista.

Mooses ja faarao

Eräänä päivänä Mooseksen elämä muuttui täysin. Hän oli aina huolehtinut israelilaisen kansansa puolesta, murehtien siitä kuinka he raatoivat ja kärsivät orjina. Eräänä päivänä hän näki kuinka eräs egyptiläinen mies hakkasi juutalaista miestä. Mooses ei voinut hillitä itseään vaan tappoi tämän egyptiläisen. Lopulta faarao kuuli tästä ja Mooseksen täytyi paeta hänen luotaan.

Mooses vietti seuraavat 40 vuotta lampaita paimentaen Midianin erämaassa. Kaikki tämä oli osa Jumalan suunnitelmaa jonka avulla Mooseksesta valmistettiin Exoduksen johtajaa. Näiden 40 vuoden aikana jotka Mooses vietti paimentaen appensa lampaita erämaassa Mooses hylkäsi kokonaan Egyptin prinssinä omaamansa ylpeyden ja muuttui nöyräksi mieheksi.

Vasta tämän jälkeen Jumala kutsui Mooseksen Exoduksen johtajaksi.

Mutta Mooses sanoi Jumalalle: "Mikä minä olen menemään faraon tykö ja viemään israelilaisia pois Egyptistä?" (Exodus 3:11)

Mooses oli paimentanut lampaita 40 vuoden ajan eikä hän sen tähden omannut paljon itseluottamusta. Jumala kuitenkin tunsi Mooseksen sydämen ja siten Hän näytti tälle monia merkkejä, kuten esimerkiksi sauvan muuttamisen käärmeeksi, jotta hän menisi faraon eteen toimittamaan Jumalan käskyä.

Mooses nöyrtyi täysin ja noudatti Jumalan käskyä. Toisin kuin Mooses, faarao oli kuitenkin hyvin itsepäinen mies jonka sydän oli hyvin kovettunut.

Kovasydäminen mies ei muutu edes sen jälkeen kun hän on nähnyt useita Jumalan tekoja. Hyvin tunnettu vertauskuva jonka Jeesus kertoi Matteuksen jakeissa 13:18-23 puhuu neljästä erilaisesta pellosta. Kovettunut sydän kuuluu samaan kaartiin tienohen kanssa. Tienoheinen maa on erittäin kovaa sen päällä kulkeneiden ihmisten tähden. Tämänkaltaisen sydämen omaavat ihmiset eivät muutu lainkaan siitä huolimatta että he näkevät Jumalan tekemiä tekoja.

Tuohon aikaan egyptiläiset omasivat leijonanomaisen vahvan ja urhean luonteen. Heidän hallitsijansa, faarao, oli täysin yksinvaltias ja hän piti itseään jumalana. Ihmiset myös palvoivat häntä kuin hän olisi jumala.

Mooses puhui Jumalasta ihmisille joiden kulttuurinen ymmärrys oli tämänkaltaista. He eivät tienneet mitään Mooseksen kuvailemasta Jumalasta, joka käski faaraota päästämään israelilaiset pois. Heille oli selvästi vaikeaa kuunnella Moosesta.

Israelilaisten tekemä orjatyö hyödytti heitä suuresti, ja tämä teki käskyn hyväksymisen yhä vaikeammaksi.

Myös nykyään on ihmisiä jotka pitävät omaa tietouttaan, mainettaan, valtaansa tai vaurauttaan parhaana. He ajavat vain omia etujaan ja luottavat vain omiin kykyihinsä. He ovat ylpeitä ja heidän sydämensä ovat kovia.

Faaraon ja egyptiläisten sydämet olivat kovettuneita. Täten he eivät noudattaneet Mooseksen heille ilmaisemaa Jumalan tahtoa. He niskoittelivat loppuun saakka kunnes lopulta he kuolivat.

Jumala ei tietenkään sallinut suuria vitsauksia alusta alkaen
vaikka faaraon sydän olikin kovettunut.

On sanottu: *"Herra on armahtavainen ja laupias,
pitkämielinen ja suuri armossa"* (Psalmi 145:8). Tämän
mukaisesti Jumala osoitti egyptiläisille armoa useaan otteeseen
Mooseksen kautta. Jumala tahtoi heidän tunnustavan hänet
ja noudattavan Hänen tahtoaan. Faarao kuitenkin kovetti
sydäntään yhä enemmän.

Jokaisen ihmisen sydämen ja mielen tunteva Jumala kertoi
Moosekselle ja antoi tämän tietää kaiken mitä Hän aikoi tehdä.

*"Mutta minä paadutan faraon sydämen ja teen
monta tunnustekoa ja ihmettä Egyptin maassa. Ja
farao ei kuule teitä, mutta minä asetan käteni Egyptiä
vastaan ja vien pois joukkoni, kansani, israelilaiset,
Egyptin maasta, toimittaen suuret rangaistustuomiot. Ja
egyptiläiset tulevat tietämään, että minä olen Herra, kun
minä ojennan käteni Egyptin yli ja vien pois israelilaiset
heidän keskeltänsä"* (Exodus 7:3-5).

Faaraon kovettunut sydän ja kymmenen vitsausta

Exoduksen aikana Raamattu mainitsee useaan otteeseen

kuinka "*Herra kovetti faaraon sydämen.*"

Kirjaimellisesti vaikuttaa siltä kuin Jumala olisi kovettanut faaraon sydämen tahallaan, ja moni voisi käsittää väärin että Jumala on kuin diktaattori. Näin ei kuitenkaan ole. Jumala tahtoo kaikkien saavuttavan pelastuksen (1. Tim. 2:4). Hän haluaa että jopa kaikkein kovettuneimman sydämen omaava ihminen ymmärtäisi totuuden ja saavuttaisi pelastuksen. Jumala on rakkauden Jumala. Hän ei koskaan kovettaisi faaraon sydäntä tahallaan oman kunniansa kirkastamiseksi. Jumala myös lähetti Mooseksen faaraon eteen useaan otteeseen, ja tästä me näemme että Jumala halusi faaraon sekä kaikkien muiden muuttavan sydämiään ja olevan Hänelle kuuliaisia.

Jumala tekee kaiken oikeassa järjestyksessä, rakkaudella ja oikeudenmukaisesti Raamatussa olevan sanan mukaisesti.

Tämän tähden me kohtaamme koettelemuksia sekä vaikeuksia. Jumalan sanaa noudattavat ja vanhurskaudessa elävät tulevat saamaan siunauksia.

Ihmiset valitsevat tekonsa omaan vapaan tahtonsa avulla. Jumala ei määrää kuka tulee saamaan siunauksia ja kuka ei. Jumala olisi voinut lähettää Egyptille suuren vitsauksen heti aluksi saadakseen faaraon alistumaan tahtoonsa jos Hän ei olisi rakkauden ja oikeudenmukaisuuden Jumala.

Jumala ei tahdo pelosta johtuvaa 'pakotettua kuuliaisuutta.' Hän tahtoo ihmisten avaavan sydämensä ja olevan Hänelle kuuliaisia omasta vapaasta tahdostaan.

Ensinnäkin, Hän kertoo meille tahtonsa ja näyttää meille

voimansa jotta me voimme olla Hänelle kuuliaisia. Jos me emme kuitenkaan ole Hänelle kuuliaisia, Hän aloittaa pienillä vastoinkäymisillä jotta me saisimme ymmärrystä ja alkaisimme tutkiskella itseämme. Kaikkivaltias Jumala tuntee ihmisten sydämet. Hän tietää milloin pahuus tulee esiin ja kuinka me voimme heittää pahuuden pois ja kuinka me voimme saada vastauksia ongelmiimme.

Jopa tänäkin päivänä Jumala sallii meidän kohdata koettelemuksia ja vaikeuksia joita me voimme käydä läpi. Tällä tavoin me voimme löytää itsessämme olevan pahuuden ja heittää sen pois. Meidän sielumme kukoistaessa Hän antaa kaiken sujua kohdallamme hyvin ja Hän antaa meille hyvän terveyden.

Faarao ei heittänyt hänessä olevaa pahuutta pois vaikka se tuotiinkin hänen tietoonsa. Hän kovetti sydämensä ja jatkoi Jumalaa vastaan niskoittelua. Jumala tunsi faaraon sydämen ja Hän antoi tämän sydämen paljastua kymmenen vitsauksen kautta. Tämä on syy siihen että Raamattu puhuu siitä kuinka "Herra kovetti faaraon sydämen."

'Kovettuneen' sydämen omaaminen tarkoittaa yleensä sitä että henkilön luonne on itsepäinen. Raamatun kertoma faaraoon liittyvä kovettunut sydän ei kuitenkaan tarkoita pelkästään Jumalan sanaa vastaan niskoittelemista pahuudella vaan myös Jumalan itsensä vastustamista.

Kuten jo aiemmin mainittiin, faarao eli hyvin itsekeskeistä

elämää pitäen itseään jopa Jumalana. Kaikki ihmiset noudattivat hänen tahtoaan eikä hänellä ollut mitään pelättävää. Hän olisi kuitenkin uskonut Jumalaan nähtyään Mooseksen kautta esitetyt teot jos hän olisi vain omannut hyvän sydämen siitä huolimatta että hän ei ollut koskaan tiennyt Jumalasta aikaisemmin.

Esimerkiksi Babylonian Nebukadnessar joka eli vuosina 605-562 eKr. ei ollut koskaan kuullut Jumalasta. Hän kuitenkin tunnusti Jumalan nähtyään Danielin kolmen ystävän, Sadrakin, Meesakin ja Abednegon kautta esiin tulleet Jumalan teot.

"Silloin Nebukadnessar lausui ja sanoi: 'Kiitetty olkoon Sadrakin, Meesakin ja Abednegon Jumala, joka lähetti enkelinsä ja pelasti palvelijansa, jotka häneen turvasivat eivätkä totelleet kuninkaan käskyä, vaan antoivat ruumiinsa alttiiksi, ennemmin kuin palvelivat kumartaen rukoilivat muuta jumalaa kuin omaa Jumalaansa. Ja minä annan käskyn, että jokainen, olkoon hän mitä kansaa, kansakuntaa ja kieltä tahansa, joka puhuu pilkaten Sadrakin, Meesakin ja Abednegon Jumalasta, hakattakoon kappaleiksi, ja hänen talonsa tehtäköön soraläjäksi; sillä ei ole muuta jumalaa, joka niin voi pelastaa kuin tämä'" (Daniel 3:28-29).

Sadrak, Meesak ja Abednego vietiin vangiksi ei-juutalaiseen maahan heidän ollessa vielä nuoria. He eivät kuitenkaan kumartaneet epäjumalan edessä sillä Jumalan käsky kielsi heitä tekemästä tätä. Tämän tähden heidät heitettiin tuliseen pätsiin. He eivät kuitenkaan vahingoittuneet tästä lainkaan eikä edes yksi hius palanut heidän päästään. Nebukadnessarin nähdessä tämän hän tunnusti elävän Jumalan olemassaolon välittömästi.

Hän ei ainoastaan tunnustanut kaikkivaltiasta Jumalaa nähtyään Hänen ihmisvoimia voimakkaammat teot vaan myös ylisti Häntä kaiken kansansa edessä.

Faarao ei kuitenkaan tunnustanut Jumalaa edes sen jälkeen kun hän oli nähnyt Hänen voimallisia tekoja. Hän vain kovetti sydäntään entistä enemmän. Hän antoi israelilaisten mennä vasta sen jälkeen kun hän oli kärsinyt kaikista kymmenestä vitsauksesta.

Hänen kovettunut sydämensä ei ollut kuitenkaan muuttunut, ja siten hän alkoi katua sitä että hän oli päästänyt israelilaiset menemään. Hän ajoi heitä takaa armeijansa kanssa, ja lopulta sekä hän että hänen armeijansa hukkuivat Punaiseen mereen.

Israelilaiset olivat Jumalan suojeluksessa

Israelilaiset eivät kärsineet yhdestäkään vitsauksesta siitä huolimatta että he asuivat Egyptissä jossa näistä vitsauksista kärsittiin koko maassa. Tämä johtui siitä että Jumala suojeli Goshenin maata jossa he asuivat.

Me olemme turvassa jopa suurten mullistusten ja katastrofien keskellä jos Jumala suojelee meitä. Me voimme parantua jopa sairauksista ja voittaa vaikeuksia Jumalan voiman avulla.

Israelilaisia ei suojeltu sen tähden että he olisivat omanneet uskoa tai olleet vanhurskaita. Heitä suojeltiin sen tähden että he olivat Jumalan valittu kansa. Toisin kuin egyptiläiset, israelilaiset huusivat Jumalaa avukseen kärsimyksissään, ja Hän suojeli heitä koska he tunnustivat Hänet.

Samalla tavalla meitä suojellaan ei-uskovia kohtaavilta katastrofeilta siitä huolimatta että meissä on vielä pahuutta jos meistä vain on tullut Jumalan lapsia.

Tämä johtuu siitä että me saimme syntimme anteeksi Jeesuksen Kristuksen veren kautta ja että meistä on tullut Jumalan lapsia. Täten me emme ole enää meille vaikeuksia ja koettelemuksia meille tuovan paholaisen lapsia.

Me voimme lisäksi saada osaksemme Jumalan rakkauden ja siunauksia jos uskomme kasvaessa me pyhitämme Herran päivän, heitämme pahuuden pois ja noudatamme Jumalan tahtoa.

Ja nyt, Israel, mitä Herra, sinun Jumalasi, sinulta muuta vaatii, kuin että pelkäät Herraa, sinun Jumalaasi, että aina vaellat hänen teitänsä ja rakastat häntä, ja että palvelet Herraa, sinun Jumalaasi, kaikesta sydämestäsi ja kaikesta sielustasi, noudattaen Herran käskyjä ja säädöksiä, jotka minä sinulle tänä päivänä annan, että menestyisit? (5. Moos. 10:12-13)

Luku 2

Niskoitteleva elämä
ja vitsaukset

Exodus 7:8-13

Ja Herra puhui Moosekselle ja Aaronille ja sanoi: "Kun farao puhuu teille ja sanoo: 'Tehkää jokin ihmetyö', niin sano sinä Aaronille: 'Ota sauvasi ja heitä se faraon eteen, niin se muuttuu käärmeeksi.'" Niin Mooses ja Aaron menivät faraon tykö ja tekivät, niinkuin Herra oli käskenyt. Aaron heitti sauvansa faraon ja hänen palvelijainsa eteen, ja se muuttui käärmeeksi. Ja faraokin kutsui maansa viisaat ja velhot; ja nämä Egyptin tietäjät tekivät samoin taioillansa: he heittivät kukin sauvansa maahan, ja ne muuttuivat käärmeiksi. Mutta Aaronin sauva nieli heidän sauvansa. Ja faraon sydän paatui, eikä hän kuullut heitä, niinkuin Herra oli sanonutkin.

Karl Marx hylkäsi Jumalan. Hän perusti kommunismin materialismiin perustuen. Lukuisat ihmiset jättivät Jumalan hänen teoriansa tähden. Vaikutti siltä kuin koko maailma ottaisi pian kommunismin omakseen. Kommunismi kuitenkin romahti sadassa vuodessa.

Kommunismi romahti, ja samalla tavalla Marx kärsi yksityiselämässään sellaisista asioista kuin horjuvasta mielenterveydestä sekä lasten ennenaikaisesta kuolemasta. Friedrich W. Nietzsche, joka sanoi että Jumala on kuollut, sai usean ihmisen seisomaan Jumalaa vastaan. Pian pelko kuitenkin sai hänet hulluksi ja lopulta hän kohtasi traagisen lopun.

Tästä me näemme että Jumalaa vastaan seisovat ja Hänen sanaansa vastaan niskoittelevat ihmiset kärsivät monenlaisista vitsauksen tapaisista vaikeuksista ja elävät hyvin kurjia elämiä.

Vitsausten, vaikeuksien, koettelemusten sekä kärsimysten väliset erot

Kaikki ihmiset voivat kohdata elämänsä aikana vaikeuksia, olivat he sitten uskovia tai ei. Tämä johtuu siitä että meidän elämämme ovat osa Jumalan ihmisten kasvatuksen suunnitelmaa, jonka avulla Hän hankkii itselleen uskollisia lapsia.

Jumala antoi meille ainoastaan hyviä asioita. Synti saapui kuitenkin ihmisiin Aatamin synnin tähden, ja tästä lähtien tämä maailma on ollut paholais-vihollisen ja Saatanan hallinnassa.

Tuosta hetkestä eteenpäin ihmiset ovat kärsineet erilaisista vaikeuksista ja murheista.

Ihmiset alkoivat tehdä syntiä vihan, suuttumuksen, kateuden, ylpeyden ja haureuden mielen tähden. Synnin vakavuudesta riippuen ihmiset ovat kärsineet Saatanan ja paholais-vihollisen aiheuttamista koettelemuksista ja vaikeuksista.

Kohdatessaan erittäin vaikeita tilanteita ihmiset kutsuvat niitä katastrofeiksi. Myös uskovat käyttävät sanoja 'koettelemus', 'kärsimys' sekä 'vaikeus' kohdatessaan hankalia tilanteita.

Raamattu sanoo myös: *"Eikä ainoastaan se, vaan meidän kerskauksenamme ovat myös ahdistukset, sillä me tiedämme, että ahdistus saa aikaan kärsivällisyyttä, mutta kärsivällisyys koettelemuksen kestämistä, ja koettelemuksen kestäminen toivoa"* (Room. 5:3-4).

Tapahtumia voidaan kutsua joko vitsauksiksi, katastrofeiksi, koettelemuksiksi tai vaikeuksiksi riippuen siitä elämmekö me totuudessa ja kuinka suuri meidän uskomme mitta on.

Jumala ei voi esimerkiksi suojella sellaista henkilöä vaikeuksilta joka omaa uskoa mutta ei kuitenkaan toimi kuulemansa sanan mukaisesti. Tätä kutsuttaisiin 'koettelemukseksi.' Hän tulee myös kohtaamaan vitsauksia tai katastrofeja jos hän hylkää uskonsa ja toimii epätotuuden mukaisesti.

Kuvittele, että henkilö kuuntelee sanaa ja yrittää toimia sen mukaan. Hän ei kuitenkaan elä täydellisesti tämän sanan mukaisesti. Tällöin hänen täytyy käydä läpi hänen syntistä luonnettaan vastaan kamppailemisen prosessi. Raamattu sanoo että henkilö kohtaa koettelemuksia tai tulee kuritetuksi kun hän kohtaa kaikenlaisia vaikeuksia kamppaillakseen syntejään vastaan aina oman verensä vuodatukseen saakka. Tällöin hänen kohtaamiaan vaikeuksia kutsutaan 'koettelemuksiksi.'

'Vaikeudet' ovat myös tilaisuus tarkistaa paljonko meidän uskomme on kasvanut. Joten sanan mukaisesti elämään yrittävät kohtaavat 'koettelemuksia' ja niitä seuraavia 'vaikeuksia.' Totuudesta loittoneva ja Jumalan suututtama henkilö 'kärsii vitsauksista' tai 'katastrofeista.'

Vitsausten syyt

Jumalan täytyy kääntää kasvonsa pois henkilöstä kun tämä tekee tahallaan syntiä. Tällöin paholais-vihollinen ja Saatana voivat antaa hänelle vitsauksia. Vitsaukset saapuvat sen mukaan kuinka paljon henkilö niskoittelee Jumalan sanaa vastaan.

Henkilö tulee kärsimään Egyptin kymmenen vitsauksen kaltaisista vitsauksista jos hän ei käänny synneistään pois ja jatkaa niiden tekemistä jopa senkin jälkeen kun hän on kohdannut vitsauksia. Jos hän kuitenkin katuu ja kääntyy synneistään nämä vitsaukset menevät pois Jumalan armosta.

Ihmiset kärsivät vitsauksista oman pahuutensa tähden. Näistä kärsivät voidaan kuitenkin jakaa kahteen joukkoon.

Ensimmäinen joukko lähestyy Jumalaa ja yrittää katua ja

kääntyä synneistään näiden vitsausten kautta. Toinen joukko kuitenkin valittaa Jumalaa vastaan, sanoen: "Minä käyn tunnollisesti kirkossa, rukoilen ja annan uhreja. Miksi minun pitää sitten kärsiä vitsauksesta?" Näiden lopputulokset ovat täysin erilaisia toisistaan. Ensimmäisessä tapauksessa vitsaus poistuu ja Jumalan armo laskeutuu henkilön päälle. Jälkimmäisessä tapauksessa ihmiset eivät ole edes tietoisia ongelman olemassaolosta ja siten he tulevat kohtaamaan yhä suurempia vitsauksia.

Mitä enemmän pahuutta henkilö kantaa sydämessään, sitä vaikeampaa hänelle on tunnistaa omat vikansa ja kääntyä synneistään pois. Tämänkaltaisen henkilön sydän on niin paatunut että hän ei avaa sydämensä ovea edes sen jälkeen kun hän kuulee evankeliumia. Hän ei ymmärrä Jumalan sanaa vaikka hän on tullut uskoon vaan ainoastaan käy kirkossa itseään muuttamatta.

Joten sinun tulee ymmärtää että sinä olet tehnyt jotakin Jumalan silmissä väärää jos sinä kärsit vitsauksesta. Sinun tulee täten kääntyä nopeasti synneistäsi ja paeta näin vitsausta.

Jumalan antamia mahdollisuuksia

Faarao hylkäsi Mooseksen hänelle toimittaman Jumalan sanan. Hän ei kääntynyt synneistään kun vähäiset vitsaukset osuivat hänen kohdalleen, ja niin hänen täytyi kärsiä suuremmista vitsauksista. Faaraon koko maasta tuli niin heikko ettei se päässyt enää takaisin jaloilleen kun hän jatkoi yhä pahan tekemistä. Lopulta hän kohtasi traagisen kuoleman. Kuinka typerä hän olikaan!

Senjälkeen Mooses ja Aaron menivät ja sanoivat faraolle: "Näin sanoo Herra, Israelin Jumala: Päästä minun kansani viettämään minulle juhlaa erämaassa" (Exodus 5:1).

Faarao kieltäytyi heti kun Mooses pyysi häntä vapauttamaan israelilaiset Jumalan sanan mukaisesti.

Mutta farao vastasi: "Kuka on Herra, jota minun pitäisi kuulla ja päästää Israel? Minä en tunne Herraa enkä päästä Israelia" (Exodus 5:2).

Niin he sanoivat: "Hebrealaisten Jumala on kohdannut meitä. Anna siis meidän mennä kolmen päivän matka erämaahan uhraamaan Herralle, Jumalallemme, ettei hän rankaisisi meitä rutolla tai miekalla" (Exodus 5:3).

Kuultuaan mitä Mooseksella ja Aaronilla oli sanottavanaan faarao moitti israelilaisia, sanoen näiden olevan laiskoja ja ajattelevan muuta kuin työtään. Hän vainosi heitä yhä suuremmalla määrällä ankaraa työtä. Aikaisemmin israelilaisille oli annettu olkia tiilien valmistusta varten mutta nyt heidän täytyi tehdä sama määrä työtä ilman näitä olkia. Tämän tiilimäärän tekeminen ei ollut koskaan ollut helppoa edes olkien kanssa mutta nyt faarao pidättäytyi niiden antamisesta. Tämä näyttää meille kuinka paatunut hänen sydämensä oli.

Israelilaisten pakkotyön ranketessa yhä enemmän he alkoivat valittaa Mooseksesta. Jumala kuitenkin lähetti Mooseksen jälleen faaraon luokse näyttämään tälle merkkejä. Jumala antoi Hänen sanaansa vastaan niskoittelevalle faaraolle tilaisuuden katua näyttämälle hänelle Jumalan mahdin.

> *"Niin Mooses ja Aaron menivät faraon tykö ja tekivät, niinkuin Herra oli käskenyt. Aaron heitti sauvansa faraon ja hänen palvelijainsa eteen, ja se muuttui käärmeeksi"* (Exodus 7:10).

Jumala muutti sauvan käärmeeksi Mooseksen kautta todistaakseen faaraolle, joka ei ollut tuntenut aikaisemmin Jumalaa, että elävä Jumala oli todella olemassa.

Hengellisesti 'käärme' viittaa tässä Saatanaan. Miksi Jumala muutti sitten sauvan käärmeeksi?

Sekä maa, jonka päällä Mooses seisoi, että itse sauva kuuluivat tähän maailmaan. Tämä maailma kuuluu paholais-viholliselle ja Saatanalle. Jumala teki käärmeen symboloidakseen tätä. Hän teki näin kertoakseen meille että ihmiset jotka eivät ole Hänen silmissään oikein tulevat kärsimään Saatanan töistä.

Faarao seisoi Jumalan tiellä eikä Hän siten voinut siunata

tätä. Tämän tähden Jumala antoi käärmeen ilmestyä Saatanaa esittääkseen. Tämä oli varoitus siitä että Saatanan teot tulisivat seuraamaan. Tätä seuranneet veren, sammakoiden ja sääskien vitsaukset olivat kaikki Saatanan tekoja.

Täten sauvan muuttaminen käärmeeksi kuvaa tasoa jolloin pienet asiat tapahtuvat niin että herkkä ihminen saattaa tuntea ne. Tässä vaiheessa ei tapahdu vielä todellista vahinkoa. Tämä on vaihe jossa Jumala antaa henkilölle tilaisuuden katua.

Faarao kutsuu esiin Egyptin velhot

Nähtyään kuinka Aaron muutti sauvan käärmeeksi faarao kutsui luokseen Egyptin tietäjiä ja velhoja.

Palatsissa oli aina velhoja jotka huvittivat kuningasta taikatempuillaan. Taikuuden avulla he nousivat maan korkeimmille asemille. Nämä velhot olivat perineet nämä piirteet esi-isiltään, ja siten he olivat saaneet nämä kyvyt syntyessään.

Jopa nykyään taikurit kulkevat Kiinanmuurin lävitse lukuisten ihmisten edessä ja saavat Vapaudenpatsaan häviämään. Jotkut ihmiset ovat myös harjoitelleet joogaa kauan aikaa ja siten he pystyvät nukkumaan ohuen oksan päällä tai pysymään ämpärissä usean päivän ajan.

Osa näistä taioista on pelkkiä silmänkääntötemppuja. Tästä huolimatta nämä taikurit ovat harjoittaneet itsensä tekemään ihmeellisiä asioita. Kuinka vaikutusvaltaisempia velhojen onkaan täytynyt olla kun he tekivät taikuutta kuninkaan edessä useiden sukupolvien ajan! Näissä tapauksissa he kykenivät ottamaan yhteyttä pahoihin henkiin.

Eräät korealaiset velhottaret ovat yhteydessä demoneihin ja he pystyvät tanssimaan erittäin terävien ruohonleikkuriterien päällä satuttamatta itseään. Myös faaraon velhot olivat yhteydessä pahoihin henkiin ja tekivät paljon ihmeellisiä asioita.

Egyptin velhot olivat harjoitelleet kauan aikaa, ja illuusion ja huijauksen avulla he onnistuivat heittämään sauvan maahan ja muuttamaan sen käärmeeksi.

Ihmiset jotka eivät tunnusta elävää Jumalaa

Nähdessään kuinka Mooses heitti sauvan maahan ja muutti sen käärmeeksi faarao uskoi hetken aikaa että Jumala oli olemassa ja että tämä Israelin Jumala oli oikea Jumala. Hän ei kuitenkaan uskonut enää Jumalaan sen jälkeen kun hän näki kuinka velhot tekivät käärmeen.

Aaronin sauvasta tehty käärme söi velhojen tekemän käärmeen mutta faarao piti tätä pelkkänä yhteensattumana.

Uskon asioissa ei ole kuitenkaan yhteensattumia. Monet Saatanan teot voivat kuitenkin häiritä tuoreen kristityn uskoa Jumalaan jos hän on kutsunut Herran elämäänsä vain hieman aikaisemmin. Tällaisissa tilanteissa monet pitävät asioita kuitenkin yhteensattumina.

Jotkut juuri Herran hyväksyneet saavat ongelmiinsa vastauksia Jumalan avulla ja hyväksyvät että tämä on kaikki Jumalan voiman ansiota. Ajan kuluessa he kuitenkin alkavat pitää tapahtumia kuitenkin pelkkinä yhteensattumina. Faarao näki kuinka Jumalan voima muutti sauvan käärmeeksi mutta ei silti tunnustanut Jumalan olemassaoloa. Samalla tavalla on olemassa ihmisiä jotka eivät tunnusta elävän Jumalan olemassaoloa vaan pitävät kaikkea yhteensattumana jopa sen jälkeen kun he ovat saaneet kokea Jumalan voimaa.

Jotkut ihmiset uskovat Jumalaan täydellisesti sen jälkeen kun he ovat kokeneet Hänen tekojaan vain yhden kerran. Toiset taas tunnustavat Jumalan aluksi mutta sitten myöhemmin uskovat että he ratkaisivat ongelmansa omien kykyjensä, kokemustensa tai naapureidensa avulla ja että Jumalan työ oli vain yhteensattumaa. Tällaisissa tilanteissa Jumala ei voi muuta kuin kääntää kasvonsa heistä. Tämän johdosta jo kerran ratkenneet ongelmat palaavat jälleen takaisin.

Parantuneen sairauden tapauksessa se saattaa uusiutua tai jopa muuttua vakavammaksi. Liike-elämän ongelmien tapauksessa tämä voi johtaa jopa aikaisempia suurempien ongelmien syntymiseen.

Jumalan vastauksen yhteensattumana pitäminen ei tee muuta kuin johdattaa meidät yhä kauemmaksi Jumalasta. Tällöin samat ongelmat saattavat palata tai me voimme kohdata jopa yhä vaikeampia tilanteita.

Samalla tavalla faarao joutui kärsimään todellisista vitsauksista sen jälkeen kun hän piti Jumalan voiman tekoa pelkkänä yhteensattumana.

"Ja faraon sydän paatui, eikä hän kuullut heitä, niinkuin Herra oli sanonutkin" (Exodus 7:13).

Luku 3

Veren, sammakoiden ja sääskien vitsaukset

Exodus 7:20-8:19

Ja Mooses ja Aaron tekivät, niinkuin Herra oli käskenyt. Hän kohotti sauvan ja löi Niilivirran veteen faraon ja hänen palvelijainsa nähden; ja kaikki vesi, joka virrassa oli, muuttui vereksi (7:20).

Ja Herra sanoi Moosekselle: "Sano Aaronille: 'Ojenna kätesi sauvoinensa jokien, kanavien ja lammikkojen yli ja nostata sammakoita Egyptin maahan.'" Niin Aaron ojensi kätensä Egyptin vetten yli, ja sammakoita nousi, ja ne peittivät Egyptin maan (8:5-6).

Sitten Herra sanoi Moosekselle: "Sano Aaronille: 'Ojenna sauvasi ja lyö maan tomua, niin siitä tulee sääskiä koko Egyptin maahan.'" Ja he tekivät niin: Aaron ojensi kätensä ja sauvansa ja löi maan tomua; niin sääsket ahdistivat ihmisiä ja karjaa. Kaikki maan tomu muuttui sääskiksi koko Egyptin maassa (8:16-17).

Niin tietäjät sanoivat faraolle: "Tämä on Jumalan sormi." Mutta faraon sydän paatui, eikä hän kuullut heitä, niinkuin Herra oli sanonutkin (8:19).

Jumala kertoi Moosekselle että faaraon sydän tulisi olemaan paatunut ja että hän ei tulisi päästämään israelilaisia pois edes sen jälkeen kun hän olisi nähnyt kuinka sauva muuttuu käärmeeksi. Sitten Jumala kertoi Moosekselle yksityiskohtaisesti mitä tehdä.

"Mene faraon tykö huomenaamuna, kun hän menee veden luo, ja seisahdu hänen tielleen Niilivirran partaalle. Ja ota käteesi se sauva, joka oli muuttunut käärmeeksi" (Exodus 7:15).

Mooses kohtasi Niilillä kävelemässä olleen faaraon. Mooses välitti Jumalan sanan pitäen kädessään samaa sauvaa joka oli aiemmin muuttunut käärmeeksi.

Ja sano hänelle: 'Herra, hebrealaisten Jumala, on lähettänyt minut sinun luoksesi ja käskenyt sanoa: Päästä minun kansani palvelemaan minua erämaassa. Mutta katso, sinä et ole totellut tähän asti. Sentähden Herra sanoo näin: Tästä olet tunteva, että minä olen Herra: katso, minä lyön sauvalla, joka on kädessäni, virran veteen, ja se muuttuu vereksi. Ja kalat virrassa kuolevat, ja virta rupeaa haisemaan, niin että egyptiläisiä inhottaa juoda vettä virrasta.' (Exodus 7:16-18).

Veren vitsaus

Vesi on meille hyvin tärkeä ja tuttu asia joka liittyy suoraan elämään. Seitsemänkymmentä prosenttia ihmiskehosta koostuu vedestä, ja se on välttämätöntä kaikille eläville olennoille.

Nykyään monet maat kärsivät vedenpuutteesta kasvavan väestön ja taloudellisen kehityksen tähden. YK on kehittänyt 'Maailmanlaajuisen veden päivän' muistuttaakseen maita veden tärkeydestä. Tämän tarkoituksena on rohkaista ihmisiä käyttämään rajoitettuja vesivarantoja yhä tarkemmin.

Muinaisessa Kiinassa oli vedenkäyttöministereitä. Me näemme vettä ympärillämme joka paikassa mutta joskus me unohdamme kuinka tärkeä asia se elämissämme on.

Kuinka suuri ongelma olisikaan jos kaikki maan vesi muuttuisi vereksi! Faarao ja egyptiläiset kokivat tämän ihmeellisen asian. Niili muuttui vereksi.

Faarao kovetti sydämensä eikä kuunnellut Jumalan sanaa sillä hän oli nähnyt kuinka myös hänen velhonsa pystyivät muuttamaan veden vereksi.

Mooses näytti hänelle elävän Jumalan mutta faarao piti kaikkea yhteensattumana ja kielsi Jumalan. Täten hän kohtasi vitsauksia hänen oman pahuutensa mukaisesti.

Mooses ja Aaron olivat tehneet niin kuin Herra oli heitä käskenyt. Faaraon ja hänen palvelijoidensa silmien edessä Mooses nosti sauvansa ja iski Niilissä olevaa vettä, muuttaen kaiken joessa olevan veden vereksi.

Täten egyptiläisten täytyi kaivaa Niilin ympärillä olevaa maata saadakseen vettä. Tämä oli ensimmäinen vitsaus.

Veren vitsauksen hengellinen merkitys

Mikä on sitten veren vitsaukseen kätkeytyvä hengellinen merkitys? Suurin osa Egyptiä on joko erämaata tai aavikkoa. Täten faaraon ja hänen kansansa kärsivät suuresti kun heidän juomavetensä muuttui vereksi.

Sen lisäksi että heidän juomavetensä ja talousvetensä muuttui vereksi myös joessa olleet kalat kuolivat ja paha haju täytti koko maan. Tämä aiheutti paljon kärsimystä.

Täten veren vitsaus viittaa hengellisesti kärsimyksiin jotka aiheutuvat asioista jotka ovat suoraan yhteydessä jokapäiväiseen elämäämme. Nämä ovat asioita jotka ovat ärsyttäviä ja tuskaisia, ja jotka ovat lähtöisin meitä lähimpänä olevista ihmisistä, kuten perheenjäsenistä, ystävistä ja työtovereista.

Kristilliseen elämään liittyen tämä vitsaus voi olla esimerkiksi vainoa tai koettelemuksia jotka ovat lähtöisin lähimmistä ystävistämme, vanhemmistamme, sukulaisistamme tai naapureistamme. Tietenkin suuremman mitan uskoa omaavat päihittävät nämä paljon helpommin mutta vain vähäisen uskon omaavat kärsivät suuresti näistä vainoista ja koettelemuksista.

Pahuutta omaavia kohtaavat koettelemukset

On kahdenlaisia tilanteita joissa me kohtaamme koettelemuksia.

Ensinnäkin me kohtaamme koettelemuksia jos me emme elä Jumalan sanan mukaisesti. Tällöin Jumala poistaa koettelemukset nopeasti jos me vain kadumme ja käännymme synneistämme pois nopeasti.

Jaak. 1:13-14 sanoo: *"Älköön kukaan, kiusauksessa ollessaan, sanoko: "Jumala minua kiusaa"; sillä Jumala ei ole pahan kiusattavissa, eikä hän ketään kiusaa. Vaan jokaista kiusaa hänen oma himonsa, joka häntä vetää ja houkuttelee."*

Me kohtaamme koettelemuksia siitä syystä että meidän halumme ohjaavat meitä emmekä me elä Jumalan sanan mukaisesti. Täten paholais-vihollinen tuo osaksemme koettelemuksia.

Me voimme myös joskus kohdata koettelemuksia siitä huolimatta että me yritämme elää uskollista kristillistä elämää. Nämä johtuvat siitä että Saatana yrittää saada meidät hylkäämään uskomme töidensä avulla.

Meidän ongelmamme vain suurenevat jos me teemme näissä tilanteissa kompromisseja emmekä me pysty saamaan tällöin siunauksia. Jotkut ihmiset menettävät vähäisen uskonsa ja palaavat takaisin maailmaan.

Molemmissa tapauksissa koettelemukset johtuvat meissä

olevasta pahuudesta. Meidän täytyy siis tunnollisesti etsiä meissä olevan pahuuden muodot ja kääntyä niistä pois. Meidän täytyy rukoilla uskossa ja kiitosta antaen. Tällä tavalla me voimme voittaa koettelemukset.

Saatanan maailma on Jumalan vallassa aivan kuten Mooseksen käärmekin pystyi nielaisemaan velhojen käärmeen. Kun Jumala kutsui Moosesta aluksi Hän näytti tälle merkin muuttamalla sauvan ensin käärmeeksi ja sitten takaisin sauvaksi (Exodus 4:4). Tämä symboloi sitä että vaikka me kohtaammekin Saatanan aiheuttamia koettelemuksia Jumala tulee palauttamaan kaiken ennalleen jos me vain näytämme uskomme luottamalla Häneen täydellisesti.

Ei ole kuitenkaan uskoa jos me teemme kompromisseja näissä tilanteissa, ja siten me emme voi kokea Jumalan töitä. Meidän tulee luottaa Jumalaan täysin jos me kohtaamme vaikeuksia ja nähdä kuinka Jumalan voima vie vaikeudet pois teoillaan.

Kaikki on Jumalan vallan alla. Joten olivat meidän koettelemuksemme sitten suuria tai pieniä, niillä ei ole mitään vaikutusta meihin jos me vain luotamme Jumalaan täydellisesti ja noudatamme Jumalan sanaa. Itse Jumala tulee ratkaisemaan meidän ongelmamme ja johdattamaan meidät kaikessa kukoistukseen.

On kuitenkin tärkeintä muistaa että me voimme kyllä toipua helposti jos kyseessä on vähäinen vitsaus, mutta että toipuminen ei ole helppoa jos kyseessä on vaikea vitsaus. Täten meidän täytyy aina tarkastella itseämme totuuden sanan avulla, heittää pois pahan muodot ja elää Jumalan sanan mukaisesti niin että meidän ei tarvitse kohdata vitsauksia.

Uskon ihmisten koettelemukset ovat siunauksia varten

Joskus on kysymys erityistapauksesta. Jopa suuren uskon omaavat ihmiset voivat kohdata koettelemuksia. Apostoli Paavali, Aabraham, Daniel ja hänen kolme ystäväänsä sekä Jeremia kärsivät kaikki koettelemuksista. Jopa Jeesus joutui paholaisen kiusaamaksi kolme kertaa.

Koettelemukset jotka kohtaavat uskoa omaavia ovat siunauksia varten. Nämä koettelemukset muuttuvat siunauksiksi ja he voivat kirkastaa ja ylistää Jumalaa jos he vain iloitsevat, kiittävät ja luottavat Jumalaan täydellisesti.

Joten on mahdollista että uskoa omaavat kohtaavat vaikeuksia sillä he voivat saada siunauksia niiden voittamisen kautta. He eivät kuitenkaan koskaan kohtaa vitsauksia. Vitsaukset kohtaavat ihmisiä jotka tekevät virheitä ja vääryyksiä Jumalan silmissä.

Esimerkiksi apostoli Paavalia vainottiin paljon Herran tähden. Tämän vainon kautta hän kuitenkin sai yhä suurempia voimia ja hän esitti suurta roolia pakanoiden apostolina Rooman valtakunnan evankelioimisessa.

Daniel ei tehnyt kompromisseja hänen tähtensä

mustasukkaisten pahojen ihmisten tekemien suunnitelmien kanssa. Hän ei lopettanut rukoilemista vaan kulki vanhurskaudessa. Lopulta hänet heitettiin leijonien luolaan missä hän ei kuitenkaan vahingoittunut lainkaan. Hän kirkasti Jumalaa suuresti.

Jeremia suri ja varoitti ihmisiä kyynelehtien kun nämä tekivät Jumalan edessä syntiä. Palkkioksi tästä hänet pahoinpideltiin ja heitettiin tyrmään. Jeremia kuitenkin pelastui ja tuli hyvin kohdelluksi kuninkaan toimesta jopa silloin kun Babylonian Nebukadnessar valloitti Jerusalemin ja lukuisat ihmiset kuolivat tai joutuivat vangiksi.

Uskon avulla Aabraham läpäisi poikansa Iisakin uhrauksen koettelemuksen niin että häntä kutsuttiin Jumalan ystäväksi. Hän sai suuria hengen ja kehon siunauksia niin että jopa valtioiden kuninkaat ottivat hänet kunnioittaen vastaan.

Kuten jo aiemmin mainittiin, koettelemukset kohtaavat meitä yleensä meissä olevan pahuuden tähden mutta on myös erikoistapauksia joissa Jumalan miehiä koetellaan uskossaan. Näiden tuloksena on kuitenkin siunauksia.

Sammakoiden vitsaus

Faarao paadutti sydämensä jopa seitsemän päivää sen jälkeen kun Niili oli muuttunut vereksi. Myös hänen velhonsa pystyivät muuttamaan vettä vereksi ja niin hän ei päästänyt Israelin kansaa menemään.

Kansakunnan kuninkaana faaraon täytyi pitää huolta kansastaan joka kärsi veden puutteesta. Hän ei kuitenkaan piitannut tästä kovettuneen sydämensä tähden.

Toinen vitsaus kohtasi Egyptiä faaraon kovettuneen sydämen tähden.

Ja Niilivirta on vilisevä sammakoita, ja ne nousevat maalle ja tulevat sinun taloosi ja makuuhuoneeseesi ja vuoteeseesi, sekä sinun palvelijaisi taloihin ja kansasi sekaan, sinun leivinuuneihisi ja taikinakaukaloihisi. Jopa sinun ja sinun kansasi ja kaikkien sinun palvelijaisi päälle hyppii sammakoita (Exodus 8:3-4).

Aivan kuten Jumala oli Moosekselle sanonut, lukemattomat sammakot alkoivat peittää Egyptin maata kun Aaron kohotti sauvansa Egyptin vetten ylle. Tämä jälkeen velhot tekivät saman salaisten taikojensa avulla.

Maailmassa on Etelämannerta lukuun ottamatta yli 400 erilaista sammakkolajia. Niiden koot vaihtelevat 2,5 sentistä aina 30 senttiin saakka.

Jotkut ihmiset syövät sammakoita mutta useimmat yllättyvät tai tuntevat vastoinmielisyyttä nähdessään sammakon. Sammakoilla on pullistuneet silmät mutta ei häntää. Niiden takajalat ovat räpylämäiset ja niiden iho on aina kostea. Kaikki nämä asiat aiheuttavat jonkinlaisia epämukavia tuntemuksia.

Nyt näitä maan peittäviä sammakoita ei ollut vain muutama

vaan lukematon määrä. Ne istuivat pöydillä ja hyppivät ympäri makuuhuoneita ja sänkyjä. Ihmiset eivät pystyneet nauttimaan ateriasta tai lepäämään rauhassa.

Sammakoiden vitsauksen hengellinen merkitys

Mikä on sitten tämän sammakoiden vitsauksen hengellinen merkitys?

Ilmestyskirja 16:13 sisältää ilmaisun *"Kolme saastaista henkeä, sammakon muotoista."* Sammakko on yksi iljettävimmistä olennoista ja hengellisesti se viittaa Saatanaan.

Nämä sammakot menivät kuninkaan palatsiin sekä ministereiden ja tavallisten ihmisten taloihin. Tämä tarkoittaa sitä että tämä vitsaus koski jokaista samalla tavalla ihmisten sosiaalisesta asemasta huolimatta.

Vuoteen päällä hyppivät sammakot tarkoittavat että avioparien välillä tulisi olemaan ongelmia.

Kuvittele esimerkiksi, että vaimo on uskossa mutta hänen uskoton aviomiehensä ei ole. Kun mies sitten jää kiinni hän antaa tekosyitä jotka ovat seuraavanlaisia: "Tämä johtuu siitä että sinä olit aina kirkossa."

Tämä on 'makuuhuoneessa olevan Saatanan' aiheuttama ongelma jos vaimo uskoo miestään joka syyttää kirkkoa parin henkilökohtaisista ongelmista.

Ihmiset kohtaavat tämänkaltaisia vitsauksia heissä olevan pahuuden tähden. He vaikuttavat siltä että he elävät hyvää uskonelämää mutta kohdatessaan vaikeuksia heidän sydämensä vapisevat. Heidän uskonsa ja taivaan unelmansa katoavat. Heidän ilonsa ja rauhansa katoavat myös ja he pelkäävät todellisuutta.

He eivät kuitenkaan kärsi tässä maassa kokemiensa vaikeuksien tähden jos he unelmoivat aidosti taivaasta ja rakastavat Jumalaa todellista uskoa omaten. Sen sijaan he voittavat kaikki koettelemukset ja alkavat saada siunauksia.

Sammakot menivät leivinuuneihin ja taikinakaukaloihin. Taikinakaukalo viittaa meidän jokapäiväiseen leipäämme ja leivinuuni meidän työpaikkaamme tai liike-elämäämme. kokonaisuudessaan tämä tarkoittaa sitä että Saatana tekee töitään ihmisten perheiden, työpaikkojen, liike-elämän ja jopa jokapäiväisen ruoan parissa. Täten jokainen ihminen joutuu vaikeaan ja painostavaan tilanteeseen.

Jotkut ihmiset eivät voita vaikeuksia tämänkaltaisessa tilanteessa ajatellen, että "nämä vaikeudet kohtaavat minua uskoni Jeesukseen tähden", ja siten he palaavat takaisin maailmalliseen elämään. Tämä tarkoittaa pelastuksen tiestä ja ikuisesta elämästä loittonemista.

Saatanan häiritsevät teot kuitenkin poistuvat ja Jumala auttaa ihmisiä voittamaan kaikki vaikeudet jos he vain tunnustavat että he kohtaavat koettelemuksia oman uskonsa puutteen ja heissä olevan pahuuden tähden, ja katuvat tekojaan.

Mikään koettelemus tai vitsaus ei tuota meille ongelmia jos me omaamme aitoa uskoa. Kaikki meidän ongelmamme selviävät jos me vain iloitsemme, kiitämme, olemme hereillä ja rukoilemme kun me kohtaamme vaikeuksia.

Niin farao kutsui Mooseksen ja Aaronin ja sanoi: "Rukoilkaa Herraa, että hän ottaisi pois sammakot vaivaamasta minua ja minun kansaani, niin minä päästän kansan uhraamaan Herralle" (Exodus 8:8).

Faarao pyysi Moosesta ja Aaronia hankkiutumaan eroon koko maan peittävistä sammakoista. Mooseksen rukouksen kautta sammakot kuolivat taloista, pihoilta ja pelloilta.

Ihmiset kasasivat niitä kasoiksi ja ne saastuttivat maan. Nyt he saivat hengähtää. Faaraon nähdessä tämän hän kuitenkin muutti mielensä. Hän oli luvannut että hän päästäisi Israelin kansan menemään jos sammakot menisivät pois mutta nyt hän muutti mielensä.

"Mutta kun farao näki päässeensä hengähtämään, kovensi hän sydämensä eikä kuullut heitä, niinkuin Herra oli sanonutkin" (Exodus 8:15).

'Sydämen kovettaminen' tarkoittaa että faarao oli itsepäinen. Hän ei kuunnellut Moosesta edes sen jälkeen kun hän oli nähnyt lukuisia Jumalan tekoja. Tämän johdosta Egyptiä kohtasi uusi vitsaus.

Sääskien vitsaus

Jumala puhui Aaronille Exoduksen jakeessa 8:16 seuraavasti:
"Sano Aaronille: 'Ojenna sauvasi ja lyö maan tomua, niin siitä tulee sääskiä koko Egyptin maahan.'"

Mooses ja Aaron tekivät niin kuin heitä oli käsketty ja kautta koko Egyptin maan tomu muuttui sääskiksi.

Velhot yrittivät luoda sääskiä salaisilla keinoillaan mutta eivät kuitenkaan pystyneet tähän. Lopulta he ymmärsivät että tämä ei ollut mahdollista ihmisten voimin ja he tunnustivat kuninkaalle:

"Tämä on Jumalan sormi" (Exodus 8:19).

Tähän saakka velhot olivat pystyneet vastaamaan Jumalan tekoihin muuttamalla sauvan käärmeeksi, muuttamalla veden vereksi ja tuomalla sammakoita. He eivät kuitenkaan pystyneet tekemään tätä enempää.

Lopulta heidän täytyi tunnustaa Mooseksen kautta näyttäytyvä Jumalan voima. Faarao kuitenkin kovetti yhä sydämensä eikä hän kuunnellut Moosesta.

Sääskien vitsauksen hengellinen merkitys

Heprealainen sana 'Kinim' voidaan kääntää 'kirpuiksi, täiksi tai sääskiksi.' Tämänkaltaiset hyönteiset ovat yleensä pienikokoisia hyönteisiä jotka elävät epäpuhtaissa paikoissa. Ne kiinnittyvät ihmisten tai eläinten kehoon ja imevät niistä verta. Yleensä niitä löytyy hiuksista, vaatteista tai eläinten turkeista. Tämänkaltaisia hyönteisiä on olemassa yli 3300 lajia. Ihmiset kutiavat kun nämä imevät ihmisestä verta. Tämä saattaa aiheuttaa myös infektioita, kuten esimerkiksi toistuvaa kuumetta tai lavantautia.

Nykyään puhtaissa kaupungeissa ei ole paljon näitä hyönteisiä, mutta ennen aikaan ne kuitenkin elivät ihmisten yhteydessä vähäisen hygienian tähden.

Mitä sääskien vitsaus oikein tarkoittaa?

Maan tomu muuttui sääskiksi. Tomu on erittäin hienoa ainesta joka voidaan puhaltaa pois pelkällä henkäyksellä. Sen koko vaihtelee 3-4μm (mikrometristä) 0.5 millimetriin.

Melkein täysin mitätön tomun kaltainen asia muuttuu sääskiksi jotka imevät verta ja aiheuttavat paljon vaikeuksia ja kärsimyksiä, ja samalla tavalla sääskien vitsaus symboloi tapauksia missä pinnan alla uinuneet pienet asiat nousevat yhtäkkiä esiin ja kasvavat suuriksi ongelmiksi, aiheuttaen meille kärsimyksiä ja kipua.

Yleensä kutina on vähäisempi kärsimys kuin mitä muut sairaudet voivat aiheuttaa. Se on silti hyvin ärsyttävää. Sääsket elävät myös epäpuhtaissa paikoissa ja siten sääskien vitsaus kohtaa paikkoja joissa on pahuuden eri muotoja.

Esimerkiksi pieni veljesten tai avioparin välinen riitely

voi muuttua suureksi riidaksi. Puhuessaan menneisyydessä tapahtuneista pienistä asioista he löytävät itsensä keskeltä suurta riitaa. Myös tämä on sääskien vitsausta.

Kateuden ja mustasukkaisuuden kaltaiset pahuuden muodot kasvavat sydämessä vihaksi kun ihminen ei pysty hillitsemään kiukkuaan ja suuttuu toiselle, tai kun henkilön valkoiset valheet muuttuvat suuriksi valheiksi hänen yrittäessä peittää ensimmäisiä valheita. Nämä ovat kaikki esimerkkejä sääskien vitsauksista.

Henkilö kantaa sydämessään vikoja jos hänellä on sydämeen kätkeytynyttä pahuutta. Hänestä saattaa tuntua että kristillisen elämän eläminen on vaikeaa. Lievä sairaus saattaa kohdata häntä. Myös nämä asiat ovat sääskien vitsauksia. Meidän tulisi nopeasti tarkastella itseämme ja katua jos me saamme yhtäkkiä nuhan tai flunssan, tai jos meillä on pieniä riitoja tai ongelmia.

Mitä sitten tarkoittaa että sääsket ahdistivat karjaa? Karja muodostuu elävistä olennoista ja tuohon aikaan yhdessä maan kanssa karjan lukumäärä kertoi kuinka rikas henkilö oli. Kuningas, ministerit ja ihmiset omistivat hedelmätiloja ja kasvattivat karjaa.

Mitä ihmiset sitten omistavat nykyään? Nykyään talojen, maan, yritysten ja työtilojen lisäksi myös perheenjäsenet lasketaan omaisuuteen. Eläimet ovat eläviä olentoja ja niin ne viittaavat yhdessä eläviin perheenjäseniin.

'Sääsket ahdistivat ihmisiä ja karjaa' tarkoittaa että pienet ongelmat kasvoivat suuremmiksi itsemme lisäksi myös perheenjäsenillemme.

Tällaisiin tapauksiin kuuluu esimerkiksi se että lapset kärsivät vanhempiensa väärien tekojen tähden tai että aviomies kärsii vaimonsa tähden.

Monet korealaiset lapset kärsivät atooppisesta dermatiitistä. Se alkaa vähäisellä kutinalla ja sitten leviää nopeasti koko kehon alueelle, aiheuttaen märkiviä haavaumia ja paiseita.

Vakavissa tapauksissa joidenkin lasten ihot voivat haljeta aina päästä varpaisiin saakka märkää vuotaen. Heidän revennyt ihonsa on märän ja veren peitossa.

Nähdessään lastensa olevan tässä kunnossa vanhempien sydämet ovat särkyneitä sen johdosta että he eivät voi tehdä mitään lastensa hyväksi.

Lapset voivat myös kehittää nopeasti kuumeen jos heidän vanhempansa huutavat heille. Useissa tapauksissa lasten sairaudet johtuvat heidän vanhempiensa vääristä teoista.

Tämänkaltaisissa tapauksissa lapset voivat parantua nopeasti jos heidän vanhempansa vain tutkiskelevat elämäänsä ja katuvat sitä että he eivät ole täyttäneet velvollisuuksiaan kunnolla, eläneet muiden kanssa rauhassa tai mitä tahansa muuta se onkin mikä ei ole ollut Jumalan silmissä oikein.

On Jumalan rakkautta että Hän sallii myös tämänkaltaisten asioiden tapahtua. Sääskien vitsaus osuu kohdallemme kun meissä on pahuuden muotoja. Joten meidän ei tulisi pitää edes pieniä asioita yhteensattumina vaan etsiskellä itsessämme olevaa pahuutta ja sitten nopeasti katua ja kääntyä synneistämme.

Luku 4

Paarmojen, ruton
ja paiseiden vitsaukset

Exodus 8:21- 9:11

Ja Herra teki niin: paarmoja tuli suuret parvet faraon ja hänen palvelijainsa taloihin; ja paarmat tulivat maan turmioksi koko Egyptin maassa (8:24).

Niin katso, Herran käsi on lyövä sinun karjaasi, joka on kedolla, hevosia, aaseja, kameleita, nautoja ja lampaita ylen ankaralla ruttotaudilla; Ja seuraavana päivänä Herra teki niin, ja kaikki Egyptin karja kuoli; mutta israelilaisten karjasta ei kuollut ainoatakaan (9:3, 6).

Ja he ottivat pätsin nokea ja astuivat faraon eteen, ja Mooses viskasi sen taivasta kohti; niin märkäpaiseita tuli ihmisiin ja karjaan. Eivätkä tietäjätkään voineet pitää puoliaan Moosesta vastaan paiseiden tähden, sillä paiseita oli tietäjissä samoin kuin kaikissa muissakin egyptiläisissä (9:10-11).

Egyptin velhot tunnustivat Jumalan voiman todistettuaan sääskien vitsausta. Faarao kuitenkin paadutti yhä sydämensä eikä kuunnellut Moosesta. Tähän saakka näyttäytynyt Jumalan voima oli tarpeeksi saamaan hänet uskomaan Jumalaan. Hän kuitenkin luotti voimaansa ja valtaansa ja piti itseään jumalana, oikeaa Jumalaa pelkäämättä. Vitsaukset jatkuivat mutta katumisen sijaan faarao vain kovetti sydäntään yhä enemmän. Täten myös vitsaukset kovenivat. Sääskien vitsaukseen saakka egyptiläiset pystyivät toipumaan vitsauksista saman tien jos he vain katuivat. Tästä eteenpäin heidän toipumisestaan tuli kuitenkin yhä vaikeampaa.

Paarmojen vitsaus

Mooses saapui faaraon eteen aikaisin aamulla Jumalan sanan mukaisesti. Taas kerran hän toimitti faaraolle Jumalan tahdon mukaisen viestin päästää Israelin kansa menemään.

Ja Herra sanoi Moosekselle: "Astu huomenaamuna varhain faaraon eteen, kun hän menee veden luo, ja sano hänelle: 'Näin sanoo Herra: Päästä minun kansani palvelemaan minua'" (Exodus 8:20).

Faarao ei kuitenkaan kuunnellut Moosesta. Tämän johdosta he joutuivat kärsimään paarmojen vitsauksesta faaraon palatsin ja ministereiden talojen lisäksi koko maassa. Koko maa oli täynnä paarmoja.

Paarmat ovat haitallisia. Ne kantavat lavantaudin, koleran, tuberkuloosin ja spitaalin kaltaisia tauteja. Tavallinen kärpänen voi lisääntyä missä tahansa, jopa ihmisten ulosteissa ja jätteissä. ne syövät mitä tahansa, oli se sitten ruokaa tai jätettä. Niiden ruuansulatus on nopeaa ja ne ulostavat aina viiden minuutin välein.

Ihmisten ruoantähteisiin tai ruokailuvälineisiin jää usein erilaisia taudinaiheuttajia jotka voivat sitten tunkeutua sisälle ihmiskehoon. Paarmojen suut ja jalat ovat nesteen peitossa joka pitää sisällään erilaisia taudinaiheuttajia. Paarmat ja kärpäset ovat yksi suurin syy siihen että kulkutaudit pääsevät leviämään.

Nykyään on olemassa useita erilaisia rokotteita ja keinoja parantaa sairauksia, ja niin hyönteiset levittävät vähemmän sairauksia. Kauan aikaa sitten lukuisat ihmiset saattoivat menettää henkensä jos kulkutaudit alkoivat levitä. Kulkutautien lisäksi on myös vaikea syödä epäpuhtaaksi muuttunutta ruokaa jos kärpänen on istunut ruokamme päällä.

Egyptissä ei ollut vain muutamaa kärpästä vaan koko maa oli niiden peitossa. Kuinka kivuliasta tämän onkaan täytynyt olla ihmisille! Heidän on täytynyt alkaa pelkäämään kun he ovat vain nähneet meitä heidän ympärillä on tapahtunut.

Suuret paarmalaumat aiheuttivat vahinkoa koko Egyptin maalle. Tämä tarkoittaa että faaraon lisäksi koko Egyptin kansa kärsi faaraon kapinasta.

Jumala ei kuitenkaan lähettänyt lainkaan paarmoja Goshenin maahan missä israelilaiset elivät jotta faarao tietäisi että egyptiläisten ja israelilaisten välillä oli suuri ero.

> *"Niin farao kutsutti Mooseksen ja Aaronin ja sanoi: 'Menkää ja uhratkaa Jumalallenne tässä maassa'"* (Exodus 8:25).

Ennen ensimmäisen vitsauksen alkua Jumalan käski heitä uhraamaan Hänelle erämaassa. Faarao kuitenkin käski heitä antamaan tämän uhrin Jumalalle Egyptissä. Nyt Mooses kieltäytyi tästä ja sanoi hänelle miksi.

> *Mutta Mooses sanoi: "Ei sovi niin tehdä; sillä me uhraamme Herralle, Jumalallemme, sellaista, joka on egyptiläisille kauhistus. Jos me nyt uhraamme egyptiläisten nähden sellaista, joka on heille kauhistus, niin eivätkö he kivitä meitä?"* (Exodus 8:26)

Mooses sanoi että he menisivät erämaahan kolmen päivän ajaksi seuratakseen Jumalan käskyä. Faarao vastasi tähän sanomalla että heidän ei pitäisi mennä liian kauaksi ja että heidän tulisi rukoilla myös hänen puolestaan.

Mooses sanoi faaraolle että paarmat tulisivat katoamaan seuraavana päivänä, ja hän pyysi faaraota pitämään sanansa ja päästämään Israelin kansan menemään.

Paarmojen kuitenkin kadottua Mooseksen rukouksen

tähden faarao muutti mielensä eikä päästänyt Israelin kansaa menemään. Tästä me näemme kuinka petollinen ja kavala hän oli. Tämä myös kertoo miksi hänen täytyi kohdata jatkuvasti vitsauksia.

Paarmojen vitsauksen hengellinen merkitys

Paarmat ja kärpäset tulevat epäpuhtaista paikoista ja levittävät tarttuvia tauteja, ja samalla tavalla pahan ja saastaisen sydämen omaava ihminen puhuu pahoja sanoja ja aiheuttaa itselleen erilaisia sairauksia ja ongelmia.

Matteus 15:18-19 sanoo: *"Mutta mikä käy suusta ulos, se tulee sydämestä, ja se saastuttaa ihmisen. Sillä sydämestä lähtevät pahat ajatukset, murhat, aviorikokset, haureudet, varkaudet, väärät todistukset, jumalanpilkkaamiset."*

Ihmisten sydämessä olevat asiat tulevat ulos huulien kautta. Hyvästä sydämestä tulee hyviä sanoja kun taas epäpuhtaasta sydämestä tulee epäpuhtaita sanoja. Me lausumme vastaavia sanoja jos meissä on epätotuutta ja kavaluutta, vihaa ja kiukkua.

Mustamaalaaminen, tuomitseminen ja kiroileminen ovat kaikki lähtöisin pahasta ja epäpuhtaasta sydämestä. Tämän tähden Matteus 15:11 sanoo: *"Ei saastuta ihmistä se, mikä menee suusta sisään; vaan mikä suusta käy ulos, se saastuttaa ihmisen."*

Jopa ihmiset jotka eivät ole uskossa käyttävät sellaisia

ilmaisuita kuin "Sanat putoavat kuin siemenet" tai "Kaatunutta vettä ei saa takaisin." Sanottuja sanoja ei voida peruuttaa. Erityisesti kristillisessä elämässä suun tunnustus on erittäin tärkeää. Sinun sanasi saattavat vaikuttaa elämääsi eri tavalla sen mukaan ovatko ne positiivisia tai negatiivisia.

Tavallisen nuhan tai vähäisen tartuntataudin saaminen lukeutuu sääskien vitsaukseen. Me voimme siis toipua välittömästi jos me vain kadumme. Paarmojen vitsauksen kohdatessa meitä me emme voi kuitenkaan katua välittömästi vaikka me katuisimmekin. Meidän täytyy selviytyä rangaistuksestamme sillä nämä vitsaukset johtuvat sääskien vitsauksia aiheuttavia asioita pahemmista synneistä.

Joten jos me kohtaamme paarmojen vitsauksen meidän tulee tutkiskella itseämme ja katua perusteellisesti kaikkia pahoja sanojamme ja muita vastaavia asioita. Vasta sitten kun me olemme katuneet meidän ongelmamme voi ratketa.

Raamatusta löytyy ihmisiä jotka joutuivat maksamaan pahoista sanoistaan. Näin kävi esimerkiksi Miikalille, kuningas Saulin tyttärelle ja kuningas Daavidin vaimolle. Toisen Samuelin kirjan 6. luvussa Daavid oli erittäin onnellinen ja tanssi kaikkien edessä kun Herran arki tuotiin takaisin Daavidin kaupunkiin.

Liiton arkki symboloi Jumalan läsnäoloa. Filistealaiset veivät sen tuomareiden aikaan mutta se saatiin kuitenkin takaisin. Se ei voinut jäädä ilmestysmajaan ja siitä syystä sitä säilytettiin väliaikaisesti Kirjat-jearimissa noin 70 vuoden ajan.

Valtaan noustuaan Daavid pystyi tuomaan arkin Jerusalemin ilmestysmajaan. Hän oli riemuissaan. Daavidin lisäksi koko Israelin kansa riemuitsi yhdessä ja ylisti Jumalaa. Miikal kuitenkin halveksui kuningasta vaikka hänen olisi kuulunut iloita yhdessä aviomiehensä kanssa.

"Kuinka arvokkaana onkaan Israelin kuningas nyt esiintynyt, kun on tänä päivänä paljastanut itsensä palvelijainsa palvelijattarien silmien edessä, niinkuin kevytmielinen ihminen paljastautuu!" (2 Samuel 6:20)

Mitä Daavid tähän sanoi?

"Herran edessä, joka on valinnut minut, sivu sinun isäsi ja koko hänen sukunsa, ja asettanut minut Herran kansan, Israelin, ruhtinaaksi Herran edessä minä karkeloin; ja tähänkin minä pidän itseni liian vähäisenä ja olen omissa silmissäni halpa; mutta ne palvelijattaret, joista sinä puhuit, tulevat minua kunnioittamaan" (2 Samuel 6:21-22).

Näiden Miikalin puhumien pahojen sanojen tähden hän ei saanut yhtään lasta koko elämänsä aikana.

Samalla tavalla ihmiset tekevät suullaan paljon syntiä tajuamatta edes että heidän sanansa ovat syntiä. Näiden suun rikosten tähden heitä kohtaa rangaistus työpaikalla, liikeyrityksessä tai perheessä ilman että he käsittävät miksi näin on. Jumala puhuu meille sanojen tärkeydestä.

"Huulten rikkomus on paha ansa, mutta vanhurskas pääsee hädästä. Suunsa hedelmästä saa kyllälti hyvää, ja ihmisen eteen kiertyvät hänen kättensä työt" (Sananlaskut 12:13-14).

"Suunsa hedelmästä saa nauttia hyvää, mutta uskottomilla on halu väkivaltaan. Joka suistaa suunsa, se säilyttää henkensä, mutta avosuinen joutuu turmioon" (Sananlaskut 13:2-3).

"Kielellä on vallassansa kuolema ja elämä; jotka sitä rakastavat, saavat syödä sen hedelmää" (Sananlaskut 18:21).

Meidän tulee ymmärtää minkälaisia seuraamuksia meidän huuliltamme pääsevät pahat sanat vaativat jotta me voisimme puhua ainoastaan positiivisia sanoja sekä hyviä ja kauniita, vanhurskauden ja kirkkauden sanoja, sekä uskon tunnustuksia.

Ruton vitsaus

Faarao paadutti sydämensä ja kielsi israelilaisia lähtemästä jopa paarmojen vitsauksen jälkeenkin. Tämän jälkeen Jumala salli ruton vitsauksen osua Egyptiin.

Myös tällä kerralla Jumala lähetti Mooseksen faaraon luokse ennen vitsausta ilmaisemaan Hänen tahtonsa.

"Sillä jos kieltäydyt päästämästä heitä ja vielä pidätät heitä, niin katso, Herran käsi on lyövä sinun karjaasi, joka on kedolla, hevosia, aaseja, kameleita, nautoja ja lampaita ylen ankaralla ruttotaudilla. Mutta Herra on tekevä erotuksen israelilaisten karjan ja egyptiläisten karjan välillä, niin ettei mitään kuole siitä, mikä on israelilaisten omaa" (Exodus 9:2-4).

Jumala asetti tarkan ajan tälle vitsaukselle jotta ihmiset ymmärtäisivät että kyseessä ei ollut yhteensattuma vaan Jumalan voiman aiheuttama vitsaus. Hän sanoi toteuttavansa vitsauksen seuraavana päivänä ja siten antoi heille tilaisuuden katua.

Faarao olisi muuttanut mielensä ja säästynyt tulevilta vitsauksilta jos hän olisi tunnustanut Jumalan voiman edes hieman.

Hän ei kuitenkaan muuttanut mieltään. Tämän johdosta rutto levisi maahan ja pellolla olleet eläimet – hevoset, aasit, kamelit, karjat ja laumat – kaikki kuolivat.

Yksikään israelilaisten eläimistä ei kuitenkaan kuollut. Jumala antoi heidän ymmärtää että Jumala on elävä Jumala joka pitää sanansa. Faarao oli tästä kyllä hyvin perillä mutta hän paadutti silti sydämensä eikä muuttanut mieltään.

Ruton vitsauksen hengellinen merkitys

Rutot ovat tauteja jotka leviävät nopeasti ja tappavat suuren määrän ihmisiä ja eläimiä. Nyt kaikki Egyptissä oleva karja kuoli. Me emme voi kuin kuvitella kuinka paljon tuhoa tämä aiheutti. Esimerkiksi Euroopassa 1300-luvulla riehunut musta surma, tai paiserutto oli itse asiassa oravien ja rottien kaltaisten eläimien sairaus. Se kuitenkin levisi ihmisiin kirppujen kautta ja tappoi siten lukemattomia ihmisiä. Se oli hyvin altis tarttumaan eikä lääketiede ollut kovin kehittynyt, ja siten se onnistui tappamaan suuren määrän ihmisiä.

Karjalaumojen ja hevosten kaltaiset eläimet sekä lammas- ja vuohilaumat muodostivat tuolloin suuren osan ihmisten omaisuudesta. Täten karjalaumat symboloivat faaraon, ministereiden ja ihmisten omaisuutta. Karja muodostuu elävistä olennoista ja nykyajan mittapuun mukaan se viittaa meidän perheenjäseniimme, työtovereihimme sekä ystäviimme jotka jakavat kotimme, työpaikkamme tai työtilamme.

Karjaan kohdistuvan ruton syy löytyi faaraon pahuudesta. Täten ruton vitsauksen hengellinen merkitys on että meidän perheenjäsenemme kohtaavat sairauksia jos me keräämme pahuutta ja Jumala kääntää kasvonsa meistä pois.

Jos vanhemmat esimerkiksi niskoittelevat Jumalaa vastaan tämä voi johtaa siihen että heidän lapsensa saattaa sairastua. Myös vaimo voi sairastua aviomiehensä pahuuden tähden.

Kohdatessamme tämänkaltaisen vitsauksen meidän tulee tutkiskella sekä itseämme että myös koko perhettä jotta koko perhe voi katua yhdessä.

Exoduksen luvusta 20:4 eteenpäin Raamattu sanoo että maksu väärien jumalien palvomisesta lankeaa kolmen tai neljän sukupolven päälle. Tietenkään rakkauden Jumala ei rankaise kaikissa tapauksissa. Lapset eivät joudu kärsimään heidän vanhempiensa syntien aiheuttamista vitsauksista jos heidän sydämensä ovat hyviä ja he ovat ottaneet Jumalan vastaan ja eläneet uskossa.

Lapset kuitenkin joutuvat maksamaan synneistään jos he keräävät pahuutta vanhemmiltaan perimänsä pahuuden päälle. Usein vääriä jumalia palvoviin perheisiin syntyvät lapset syntyvät perinnöllisistä sairauksista tai henkisistä ongelmista kärsivinä.

Jotkut ihmiset ovat kiinnittäneet kotiensa seinillä hyvää onnea tuovia esineitä. Toiset taas palvovat Buddhan kuvia, kun taas toiset kirjoittavat nimensä Buddhan temppeliin. Näin vakavan väärien jumalien palvonnan yhteydessä näiden ihmisten lapsilla tulee olemaan ongelmia vaikka he itse eivät vitsauksista kärsisikään.

Joten vanhempien tulisi aina kulkea totuudessa jotta heidän syntinsä eivät lankeaisi heidän lastensa maksettaviksi. Heidän täytyy tutkia johtuuko kaikki heidän omista synneistään jos joku heidän perheenjäsenensä sairastuu vaikeaan sairauteen.

Paiseiden vitsaus

Faarao näki kuinka Egyptin karja alkoi kuolla ja hän lähetti jonkun tarkistamaan mitä israelilaisten asuttamassa Goshenin maassa oikein tapahtui. Toisin kuin muualla Egyptissä, Goshenissa yksikään karjaeläin ei menehtynyt ruttoon.

Edes tämän kieltämättömän Jumalan teon jälkeen faarao ei muuttanut mieltään.

"Ja kun farao lähetti tiedustelemaan, niin katso, israelilaisten karjasta ei ollut kuollut ainoatakaan. Mutta faraon sydän kovettui, eikä hän päästänyt kansaa" (Exodus 9:7).

Lopulta Jumala käski Moosesta ja Aaronia ottamaan pätsistä hieman nokea ja Mooses heitti sen taivaalle faaraon nähden. He tekivät niin kuin Jumala oli heitä käskenyt, ja tämä noki muuttui ihmisiin ja eläimiin iskeviksi märkäpaiseiksi.

Paise on hiustupen ja sitä ympäröivän kudoksen tulehduksesta johtuva tulehdus joka ilmenee ihon paikallisena turvotuksena ja tulehduksena. Paiseilla on kova keskus jossa muodostuu märkää.

Vakavassa tapauksessa paiseet saattavat vaatia leikkausta ja jotkut paiseet saattavat olla läpimitaltaan yli 10cm. Paiseet turpoavat ja aiheuttavat kuumetta ja väsymystä, estäen joitakin ihmisiä edes kävelemästä. Paiseet ovat erittäin kivulias vaiva.

Nämä märkäpaiseet iskivät sekä ihmisiin että eläimiin,

eivätkä edes Egyptin tietäjät tai velhot voineet seistä Mooseksen edessä omien paiseidensa tähden. Ruton iskiessä maahan ainoastaan karja joutui sen uhriksi. Eläinten lisäksi kuitenkin myös ihmiset joutuivat kärsimään paiseista.

Paiseiden vitsauksen hengellinen merkitys

Rutto sisäinen sairaus mutta paise on ulkoinen merkki siitä että jokin ei ole sisäpuolella oikein.

Esimerkiksi pieni syöpäsolu kasvaa näkyy lopulta ulospäin. Sama koskee aivohalvausta, keuhkosairauksia tai Aidsia.

Sairaudet löytyvät yleensä ihmisistä joilla on itsepäinen luonne. Jokainen tapaus on tietenkin erilainen mutta monet heistä ovat lyhytehermoisia, ylpeitä, kykenemättömiä antamaan toisille anteeksi ja itseänsä parhaimpana pitäviä. He myös ottavat ainoastaan omat mielipiteensä huomioon ja jättävät muiden mielipiteet huomiotta. Tämä kaikki johtuu rakkauden puutteesta. Nämä syyt johtavat ruton saapumiseen.

Joskus me saatamme ihmetellä seuraavanlaisesti: "Hän näyttää hyvin lempeältä ja hyvältä, miksiköhän hän sitten kärsii sairaudesta?" Ihminen saattaa näyttää ulospäin lempeältä ilman että hän on lempeä Jumalan silmissä.

Jos henkilö ei itse ole itsepäinen hänen sairautensa saattaa johtua luultavasti siitä että hänen esi-isänsä ovat tehneet jotakin syntiä (Exodus 20:5).

Ruton kohdatessa henkilöä perheenjäsenen tähden hän tulee parantumaan kun kaikki perheenjäsenet katuvat yhdessä. Tämän kautta tästä tulee heille siunaus jos heistä tulee rauhaisa ja kaunis perhe.

Jumala hallitsee elämää, kuolemaa, onnea sekä epäonnea oikeudenmukaisuudessaan. Joten mitkään vitsaukset tai katastrofit eivät tapahdu ilman syytä (5. Moos. 28).

Mutta vaikka lapset kärsisivät vanhempiensa syntien tähden perimmäinen syy tähän kärsimykseen löytyy kuitenkin lapsista itsestään. Jumala suojelee lapsia niin että vitsaukset eivät kosketa heitä vaikka heidän vanhempansa olisivatkin palvoneet vääriä jumalia jos lapset vain elävät Jumalan sanan mukaisesti.

Esivanhempien epäjumalanpalveluksen synnit kerääntyvät lasten päälle sen tähden että lapset eivät itse elä Jumalan sanan mukaan. Oikeudenmukainen Jumala suojelee heitä jos he elävät totuuden mukaisesti eikä heillä sitten ole mitään ongelmia.

Jumala on rakkauden Jumala, ja siten Hän pitää yhtä ainoaa sielua koko maailmankaikkeutta arvokkaampana. Hän tahtoo jokaisen ihmisen pelastuvan, elävän totuudessa ja voittavan itselleen voittoisan elämän.

Jumala ei salli vitsausten tapahtuvan ajaakseen meitä kohti tuhoa vaan johdattaakseen meidät katumaan syntejämme ja kääntymään niistä pois Hänen rakkautensa mukaisesti.

Veren, sammakoiden ja sääskien vitsaukset johtuvat Saatanan teoista ja ne koskettavat kehojamme suoraan. Joten näissä tapauksissa meidän täytyy riipiä sydämiämme ja katua hyvin perusteellisesti.

Meidän ei tule syyttää ketään toista henkilöä jos me kärsimme näistä vitsauksista. Tämän sijaan meidän tulee olla tarpeeksi viisaita tutkiskellaksemme itseämme Jumalan sanalla ja katuaksemme kaikkea sitä mikä ei ole Jumalan silmissä oikein.

Luku 5

Rakeiden ja heinäsirkkojen vitsaukset

Exodus 9:23-10:20

Niin Mooses ojensi sauvansa taivasta kohti, ja Herra antoi jylistä ja lähetti rakeita, ja tulta iski maahan. Näin Herra antoi sataa rakeita yli Egyptin maan (9:23-24). Niin Mooses ojensi sauvansa Egyptin maan yli, ja Herra antoi itätuulen puhaltaa yli maan koko sen päivän ja koko yön; kun aamu tuli, toi itätuuli heinäsirkat mukanaan. Ja heinäsirkkoja tuli koko Egyptin maahan, ja ne laskeutuivat ylen suurina laumoina koko Egyptin alueelle; niin paljon ei heinäsirkkoja ollut koskaan sitä ennen tullut eikä sen jälkeen tule (10:13-14).

Lapsiaan aidosti rakastavat vanhemmat eivät pidättäydy lastensa kurittamisesta. On vanhempien halu ohjata lapsensa tekemään niin kuin on oikein. Joskus vanhempien täytyy käyttää vitsaa kun heidän lapsensa eivät kuuntele vanhempiensa toruja. Vanhempien sydämessä oleva kipu on kuitenkin suurempaa kuin lasten fyysinen kipu. Joskus rakkauden Jumala kääntää Hänen kasvonsa pois salliakseen vitsausten tai ongelmien kohdata lapsiaan niin että nämä rakkaat lapset voisivat katua ja kääntyä synneistään.

Rakeiden vitsaus

Jumala olisi voinut lähettää heti aluksi vakavan vitsauksen saadakseen faaraon alistumaan. Jumala on kuitenkin kärsivällinen ja pitkämielinen. Hän osoitti voimansa ja ohjasi faaraota ja hänen kansaansa tunnustamaan Jumalan aloittaen vähäisemmillä vitsauksilla.

Sillä minä olisin jo ojentanut käteni ja lyönyt sinua ja sinun kansaasi ruttotaudilla, niin että olisit kokonaan hävinnyt maan päältä, mutta juuri sitä varten minä olen antanut sinun säilyä, että näyttäisin sinulle voimani ja että minun nimeni julistettaisiin kaiken maan päällä. Jos sinä vielä estät minun kansaani etkä päästä heitä, niin katso, huomenna tähän aikaan minä annan tulla ylen ankaran raesateen, jonka kaltaista ei ole Egyptissä ollut

*siitä päivästä saakka, jona sen perustus pantiin, aina
tähän asti* (Exodus 9:15-18).

Vitsaukset kasvoivat kasvamistaan mutta silti faarao seisoi
israelilaisten edessä kieltäen näitä lähtemästä. Nyt Jumala salli
seitsemännen vitsauksen, rakeiden vitsauksen.

Jumala ilmoitti faaraolle Mooseksen kautta että Egyptiin
iskisi sellainen raemyrsky ettei maa ollut koskaan aikaisemmin
nähnyt sellaista. Jumala antoi heille varoituksen jotta pellolla
olleet ihmiset ja eläimet voisivat piiloutua sisälle. Hän varoitti
etukäteen että kaikki ulkona olevat ihmiset ja eläimet kuolisivat
rakeista.

Eräät faaraon palvelijat pelkäsivät Jumalan sanaa ja pitivät
huolen siitä että heidän palvelijansa ja karjansa pakenivat
sisätiloihin. Monet eivät kuitenkaan pelänneet Jumalan sanaa
eivätkä he välittäneet varoituksista.

*"Mutta joka ei välittänyt Herran sanasta, se jätti
palvelijansa ja karjansa kedolle"* (Exodus 9:21).

Seuraavana päivänä Mooses kohotti sauvansa kohti taivasta
ja Jumala lähetti ukkosta ja rakeita. Maahan satoi tulta. Tämän
olisi täytynyt tuhota kaikki pellolla olevat ihmiset, eläimet, pellot
ja kasvikset. Niin voimakas tämä vitsaus oli!

Exodus 9:31-32 kuitenkin sanoo: *"Niin pellava ja ohra
tuhoutuivat, sillä ohra oli tähkällä ja pellava kukalla; mutta
nisu ja kolmitahkoinen vehnä eivät turmeltuneet, sillä ne*

tuleentuvat myöhemmin" Joten vahinko oli vain osittaista. Kaikki Egyptin maat kärsivät suurista tuhoista tulen saattelemien rakeiden tähden. Mitään ei kuitenkaan tapahtunut Goshenin maassa.

Rakeiden vitsauksen hengellinen merkitys

Yleensä raekuurot alkavat ilman mitään varoitusta. Kuurot eivät yleensä myöskään peitä suurta aluetta vaan ovat vain paikallisia. Täten rakeiden vitsaus symboloi jotakin yhdessä osassa tapahtuvaa suurta asiaa joka ei kuitenkaan kosketa kaikkia osa-alueita. Tulien saattelemat rakeet tappoivat ihmiset ja eläimet. Pellolla olevat kasvikset vahingoittuivat eikä maassa ollut ruokaa. Tässä tapauksessa henkilön vauraus kokee kolauksen jonkin yllättävän asian tähden.

Henkilö saattaa menettää paljon työpaikalla tai liikeyrityksessä sattuneen tulipalon tähden. Myös perheenjäsenen sairaus tai onnettomuus saattaa osoittautua rahallisesti erittäin kalliiksi.

Kuvittele, että on Herralle uskollinen henkilö joka alkaa keskittyä liiketoimiinsa niin paljon että hän jättää sunnuntaikirkon pari kertaa väliin. Myöhemmin hän lopettaa sunnuntain pyhittämisen kokonaan.

Tämän tähden Jumala ei voi suojella häntä ja hänen liikeyrityksensä kohtaa suuria ongelmia. Hän saattaa myös kokea odottamattoman onnettomuuden tai sairauden joka maksaa hänelle paljon rahaa. Tämänkaltainen tapaus on rakeiden vitsausta. Suurin osa ihmisistä luulee että heidän omaisuutensa on tärkeä osa heidän elämäänsä. 1. Tim. 6:10 sanoo että raha on kaiken pahan alku ja juuri. Tämä on näin sen tähden että rahanhimo johtaa murhiin, ryöstöihin, sieppauksiin, väkivaltaan ja moniin muihin rikoksiin. Joskus veljesten välinen suhde rikkoontuu ja naapurit alkavat kiistellä keskenään rahan tähden. Myös maiden välisten konfliktien suurin syy liittyy materiaalisiin asioihin, sillä myös ne haluavat lisää maata ja resursseja.

Edes kaikki uskovat eivät pysty taistelemaan rahan kiusausta eivätkä he siten pyhitä lepopäivää tai anna kymmenyksiä. He eivät elä kunnollista kristillistä elämää ja siten he loittonevat pelastuksesta.

Raket tuhosivat suurimman osan ruokatarpeista ja samalla tavalla rakeiden vitsaus symboloi suurta vahinkoa ihmisten taloudelle jota he pitävän niin tärkeänä. Rakeet kuitenkin iskevät vain määrätylle alueelle ja niin ihmisetkään eivät menetä kaikkea omaisuuttaan.

Tämän kautta me voimme tuntea Jumalan rakkauden. Me saatamme antaa periksi tai jopa tehdä itsemurhan jos me menetämme koko omaisuutemme. Tämän tähden Jumala koskettaa vain pientä osaa omaisuudesta.

Vaikka vitsaus koskee vain yhtä osaa omaisuudestamme sen vaikutus ja merkitys on kuitenkin niin suuri että me saatamme lopulta saapua jonkinlaiseen ymmärrykseen. Esimerkiksi Egyptiin sataneet rakeet eivät olleet vain pieniä jäänpalasia. Ne olivat sangen suuria kooltaan ja niiden nopeus oli suuri.

Jopa tänäkin päivänä uutiset kertovat golf-pallojen kokoisista rakeista jotka ovat pelästyttäneet ja säikäyttäneet monia ihmisiä. Egyptiä kohdannut raesade oli Jumalan erikoisteko, ja ne lankesivat tulen saattamina. Tämä oli erittäin pelottava tapahtuma.

Rakeiden vitsaus lankesi egyptiläisten päälle siitä syystä että faarao oli kasannut pahuutta pahuuden päälle. Myös me voimme kohdata samanlaisia vitsauksia jos meidän sydämemme ovat paatuneita ja itsepäisiä.

Heinäsirkkojen vitsaus

Rakeet vahingoittivat puita ja hedelmiä ja jopa tappoivat ihmisiä ja eläimiä. Lopulta faarao ymmärsi vikansa.

"Niin farao kutsutti Mooseksen ja Aaronin ja sanoi heille: 'Minä olen tehnyt syntiä tällä kertaa. Herra on oikeassa, mutta minä ja minun kansani olemme väärässä'" (Exodus 9:27).

Faarao katui pikaisesti ja pyysi Moosesta pysäyttämään rakeet.

"Rukoilkaa Herraa, sillä jo on meillä kyllin Jumalan jylinää ja rakeita. Minä päästän teidät, eikä teidän tarvitse enää viipyä" (Exodus 9:28).

Mooses tiesi ettei faarao ollut muuttanut vielä mieltään. Antaakseen hänen kuitenkin ymmärtää elävän Jumalan olevan olemassa ja että koko maailma oli Hänen käsissään Mooses nosti kätensä kohti taivasta.

Mooseksen odotusten mukaisesti faarao muutti mielensä heti kun sade, ukkonen ja rakeet lakkasivat. Hän ei katunut sydämensä pohjasta ja tämän tähden hän taas paadutti sydämensä eikä päästänyt israelilaisia menemään.

Myös faaraon palvelijat kovettivat sydämensä. Sitten Mooses ja Aaron ilmoittivat heille että tätä seuraisi Jumalan ilmoituksen mukaisesti heinäsirkkojen vitsaus, ja he varoittivat että tämä tulisi olemaan yksi suurimmista vitsauksista mitä maailma olisi koskaan nähnyt.

"Ja ne peittävät maan pinnan, niin ettei maata näy, ja ne syövät tähteet siitä, mikä teille rakeilta pelastui ja jäi, ja ne syövät kaikki teidän puunne, jotka kedolla kasvavat" (Exodus 10:5).

Vasta sitten faaraon palvelijat pelästyivät ja sanoivat

kuninkaalleen: *"Anna miesten mennä jotta he voivat mennä palvelemaan Herraa, heidän Jumalaansa. Etkö sinä ymmärrä että Egypti on tuhoutunut?"* (Exodus 10:7) Palvelijoidensa sanojen jälkeen faarao kutsui Mooseksen ja Aaronin taas luokseen. Mooses kuitenkin sanoi että he ottaisivat mukaansa sekä nuoret että vanhat, pojat että tyttäret sekä laumat ja katraat sillä heidän piti järjestää Herran kunniaksi juhla. Faarao sanoi että Mooses ja Aaron olivat pahoja ja ajoi heidät pois. Lopulta Jumala salli kahdeksannen vitsauksen, heinäsirkkojen vitsauksen.

"Ja Herra sanoi Moosekselle: 'Ojenna kätesi Egyptin maan yli ja tuo tänne heinäsirkat; tulkoon niitä Egyptin maahan, ja syökööt ne kaikki maan kasvit, kaikki, mitä rakeilta on jäänyt'" (Exodus 10:12).

Mooses teki niin kuin Jumala oli käskenyt ja Jumala antoi itätuulen puhaltaa koko päivän ja koko yön. Aamulla itätuuli toi mukanaan heinäsirkat.

Heinäsirkkoja oli niin paljon että koko maa pimeni. Ne söivät kaikki Egyptissä olleet kasvit mitä rakeet olivat jättäneet jälkeensä eikä maassa ollut enää mitään vihreää jäljellä.

"Minä olen rikkonut Herraa, teidän Jumalaanne, ja teitä vastaan. Anna nyt anteeksi minun rikkomukseni vielä tämä kerta, ja rukoilkaa Herraa, Jumalaanne, että hän poistaisi minulta ainakin tämän surman" (Exodus

10:16-17).

Ymmärtäessään tilanteen faarao kutsui Mooseksen ja Aaronin nopeasti luokseen jotta he pysäyttäisivät vitsauksen. Mooses meni ja rukoili Jumalaa, ja tällöin voimakas länsituuli puhalsi heinäsirkat Punaiseen mereen. Tämän jälkeen Egyptissä ei ollut enää heinäsirkkoja. Mutta jopa tälläkin kertaa faarao paadutti sydämensä eikä päästänyt israelilaisia menemään.

Heinäsirkkojen vitsauksen hengellinen merkitys

Yksi heinäsirkka on vain pienikokoinen hyönteinen mutta liikkuessaan suuressa parvessa ne aiheuttavat paljon tuhoa. Yhdessä hetkessä nämä heinäsirkat melkein tuhosivat koko Egyptin.

"Ja heinäsirkkoja tuli koko Egyptin maahan, ja ne laskeutuivat ylen suurina laumoina koko Egyptin alueelle; niin paljon ei heinäsirkkoja ollut koskaan sitä ennen tullut eikä sen jälkeen tule. Ne peittivät koko maan pinnan, niin että maa tuli mustaksi; ja ne söivät kaikki maan kasvit ja kaikki puiden hedelmät, jotka olivat rakeilta säilyneet. Niin ei jäänyt mitään vihantaa jäljelle puihin eikä kedon kasveihin koko Egyptin maassa" (Exodus 10:14-15).

Jopa nykyäänkin tämänkaltaisia parvia esiintyy Afrikassa ja Intiassa. Parvet leviävät yli 40 km leveiksi ja 8 km pitkiksi pilviksi. Sadat miljoonat yksilöt saapuvat yhtenä parvena ja syövät satojen lisäksi kaikki muut kasvit ja lehdet niin etteivät ne jätä jälkeensä mitään vihreää.

Rakeiden vitsauksen jäljiltä Egyptissä oli vielä hieman vehreyttä jäljellä, sillä myöhemmin kypsyvät viljat eivät olleet ehtineet kypsyä. Eräät Jumalaa pelkäävät faaraon palvelijat olivat myös käskeneet palvelijansa ja karjansa sisälle niin etteivät ne olleet tuhoutuneet.

Heinäsirkat eivät saata näyttää kovin kummoisilta mutta niiden aiheuttama vahinko on paljon rakeiden vitsauksen tuhoja suurempaa. Ne söivät suuhunsa kaiken mitä maahan oli jäänyt jäljelle.

Täten heinäsirkkojen vitsaus viittaa sellaisiin katastrofeihin jotka eivät jätä mitään jäljelle vaan vievät mennessään sekä omaisuuden että vaurauden. Tämä tuhoaa sekä perheen että myös työpaikan ja liikeyrityksen.

Heinäsirkkojen vitsaus tuhoaa kaiken ja vie mennessään kaikki rahat toisin kuin rakeiden vitsaus joka aiheuttaa vain osittaista vahinkoa. Toisin sanoen, tämä tuhoaa henkilön täysin taloudellisessa mielessä.

Henkilö saattaa menettää koko omaisuutensa esimerkiksi konkurssin yhteydessä ja hänen täytyy ehkä erota myös perheenjäsenistään. On myös mahdollista menettää koko omaisuutensa pitkäkestoisen sairauden takia. Joku voi myös joutua suuriin velkoihin sen tähden että hänen lapsensa ovat joutuneet harhapoluille.

Jotkut ihmiset saattavat uskoa että kyseessä on jonkinlainen yhteensattuma kun he kohtaavat jatkuvasti vastoinkäymisiä. Jumalan silmissä mikään ei ole kuitenkaan yhteensattumaa. Kaikella on syynsä jopa silloin kun ihminen kohtaa vaikeuksia tai sairastuu.

Mitä sitten tarkoittaa jos uskovat kohtaavat tämän kaltaisia vastoinkäymisiä? Heidän täytyy pitää Jumalan sana kun he kuulevat siitä ja oppivat Jumalan tahdosta. He eivät kuitenkaan voi välttää vitsauksia jos he tekevät pahaa ei-uskovien tapaan.

Jumala kääntää kasvonsa heistä pois jos he eivät ymmärrä kun Jumala näyttää heille merkkejä muutaman kerran. Tällöin sairaus saattaa muuttua rutoksi ja paiseet saattavat ilmestyä. Myöhemmin he tulevat kohtaamaan rakeiden ja heinäsirkkojen kaltaisia vitsauksia.

Viisaat ja ymmärtäväiset tulevat kuitenkin ymmärtämään että Jumalan rakkaus sallii heidän ymmärtää vikojaan kohdatessaan pieniä vastoinkäymisiä. Nämä ihmiset katuvat nopeasti ja välttävät suuremmat vitsaukset.

Seuraava tarina perustuu todelliseen tapaukseen. Eräs henkilö kärsi suurista vaikeuksista sillä on suututtanut Jumalan. Eräänä päivänä hän joutui suuriin velkoihin tulipalon tähden. Hänen vaimonsa ei kestänyt enää velkojien taholta tulevaa painetta yritti itsemurhaa. Myöhemmin he kuitenkin löysivät Jumalan ja alkoivat käydä kirkossa.

Saatuaan minulta ohjausta he alkoivat noudattaa Jumalan sanaa ja käydä kirkossa. He miellyttivät Jumalaa tekemällä vapaaehtoistyötä kirkossa. Heidän ongelmansa ratkesivat yksi kerrallaan eikä heidän täytynyt enää paeta velkojiaan. He myös maksoivat kaikki velkansa pois ja pystyivät jopa rakentamaan liikehuoneiston ja ostamaan itselleen talon.

He kuitenkin muuttuivat sen jälkeen kun heidän ongelmansa ratkesivat ja saivat siunauksia. he hylkäsivät Jumalan armon ja alkoivat elää taas kuin he eivät olisi olleet uskossa.

Eräänä päivänä osa aviomiehen omistamasta rakennuksesta romahti veden tulvimisen tähden. Toinen tulipalo sai heidät menettämään kaiken taloudellisesti. Heidän täytyi palata takaisin kotikyläänsä maaseudulle suurten velkojensa tähden. Aviomies sai myös diabeteksen ja kärsi sen aiheuttamista komplikaatioista.

Tämän tapauksen mukaisesti meidän täytyy lähestyä Jumalaa nöyrin sydämin jos meille ei jää mitään jäljelle sen jälkeen kun me olemme käyttäneet loppuun kaikki konstimme ja kaiken viisautemme ja tietoutemme. Tutkiskellessamme itseämme Jumalan sanan avulla ja katuessamme syntejämme ja kääntyessämme niistä pois me voimme saada kaiken menettämämme takaisin.

Rakkauden Jumala joka ei koskaan polje murskattua ruokoa antaa meille anteeksi ja korvaa meille vahinkomme jos me vain menemme Hänen eteensä uskossa ja jätämme kaiken Hänen käsiinsä. Jumala ohjaa meidät taas kukoistukseen ja antaa meille yhä suurempia siunauksia jos me käännymme ympäri ja elämme kirkkaudessa.

Luku 6

Pimeyden ja esikoisten kuoleman vitsaukset

Exodus 10:22-12:30

Ja Mooses ojensi kätensä taivasta kohti, ja koko Egyptin maahan tuli synkeä pimeys kolmeksi päiväksi. Ei kukaan voinut nähdä toistansa, eikä kukaan voinut liikkua paikaltansa kolmeen päivään. Mutta kaikilla israelilaisilla oli valoisata asuinpaikoissansa (10:22-23).

Ja puoliyön aikana tapahtui, että Herra surmasi kaikki Egyptin maan esikoiset, valtaistuimellaan istuvan faraon esikoisesta vankikuopassa olevan vangin esikoiseen asti, ynnä kaikki karjan esikoiset. Niin farao nousi sinä yönä ja kaikki hänen palvelijansa ynnä kaikki egyptiläiset, ja kova valitus oli Egyptissä; sillä ei ollut yhtään taloa, jossa ei ollut kuollutta (12:29-30).

Raamattu kertoo meille kuinka monet ihmiset ovat saaneet apua Jumalalta vaikeuksissaan kun he ovat astuneet Hänen eteensä katuen.

Jumala lähetti profeettansa Juudan kuningaskunnan kuningas Hesekian eteen ja sanoi: "Sinä tulet kuolemaan etkä enää elä." Kuningas kuitenkin rukoili vilpittömästi kyynelehtien ja hänen elämänsä säästyi.

Niinive oli Israelille vihamielisen Assyrian pääkaupunki. Ihmiset kuulivat Jumalan sanan Hänen profeettansa kautta ja katuivat perinpohjaisesti syntejään, eikä Jumala siten tuhonnut heitä niin kuin oli aikonut.

Samalla tavalla Jumala osoittaa armoaan synneistään kääntyneitä ihmistä kohtaan. Hän etsii niitä jotka etsivät Hänen armoaan ja antaa heille sitä yhä enemmän.

Faarao kärsi pahuutensa tähden useista erilaisista pahuuksista mutta hän ei kääntynyt niistä pois ennen kuin vasta lopussa. Mitä enemmän hän kovetti sydäntään sitä voimakkaammaksi hänen kohtaamansa vitsaukset muuttuivat.

Pimeyden vitsaus

Jotkut sanovat että he eivät pystyisi elämään jos he häviäisivät. Nämä ihmiset luottavat omiin voimiinsa. Faarao oli tämänkaltainen henkilö. Hän piti itseään jumalana, ja tämän tähden hän ei tahtonut tunnustaa oikeaa Jumalaa.

Hän ei päästänyt israelilaisia pois edes sen jälkeen kun koko

Egyptin maa oli tuhoutunut. Hän käyttäytyi ikään kuin hänellä olisi ollut kilpailu Jumalan kanssa. Sitten Jumala salli pimeyden vitsauksen osua maahan.

"Ja Mooses ojensi kätensä taivasta kohti, ja koko Egyptin maahan tuli synkeä pimeys kolmeksi päiväksi. Ei kukaan voinut nähdä toistansa, eikä kukaan voinut liikkua paikaltansa kolmeen päivään. Mutta kaikilla israelilaisilla oli valoisata" (Exodus 10:22-23).

Pimeys oli niin synkkä etteivät egyptiläiset pystyneet näkemään toisiaan. Kukaan ei liikkunut paikaltaan kolmeen päivään. Kuinka kukaan voi ilmaista sitä pelkoa ja epätoivoa jota heidän on täytynyt tuntea näiden kolmen päivän ajan?

Synkkä pimeys peitti koko Egyptin kolmen päivän ajan ja sen kansalaisten täytyi kulkea pimeydessä. Goshenin maassa Israelin kansalla oli taloissaan kuitenkin valoisaa.

Faarao kutsui Mooseksen luokseen ja sanoi että hän vapauttaisi israelilaiset. Hän kuitenkin sanoi Moosekselle että heidän täytyisi jättää heidän laumansa ja katraansa Egyptiin ja ottaa ainoastaan poikansa ja tyttärensä mukaan. Oikeasti hänen aikomuksenaan oli kuitenkin pitää israelilaiset maassaan.

Mooses sanoi että heidän täytyi uhrata Jumalalle eläimiä, eivätkä he voineet jättää yhtäkään eläintä jälkeensä sillä he eivät tienneet minkä eläimen he tulisivat Jumalalle uhraamaan.

Taas faarao suuttui ja nyt hän jopa uhkaili Moosesta, sanoen:

"Älä koskaan enää tule silmieni eteen sillä sinä päivänä sinä kuolet!"

Mooses vastasi tähän rohkeasti: "Sinä olet oikeassa. Minä en koskaan tule enää näkemään kasvojasi." Tämän sanottuaan Mooses lähti faaraon luota.

Pimeyden vitsauksen hengellinen merkitys

Pimeyden vitsauksen hengellinen merkitys on hengellinen pimeys, ja tämä viittaa juuri ennen kuolemaa tapahtuvaan vitsaukseen. Tässä on kyse siitä että henkilö on niin vakavasti sairas ettei hän voi enää toipua. Tämänkaltainen vitsaus osuu sellaisiin ihmisiin jotka eivät kadu edes sen jälkeen kun he ovat menettäneet koko heidän elämänsä kaltaisen omaisuutensa.

Kuoleman porteilla seisominen on kuin seisoisi pilkkopimeässä jyrkänteellä ilman mitään keinoa päästä tästä tilanteesta pois. Hengellisesti tämä tarkoittaa sitä että henkilö on hylännyt Jumalan ja jättänyt uskonsa täysin kokonaan. Tämän tähden hän menettää jumalan armon ja hänen hengellinen elämänsä päättyy. Jumala tuntee häntä kohtaan silti rakkautta eikä Hän ota henkilön elämää.

Ei-uskovainen voi kohdata tämänkaltaisen tilanteen jos hän ei ole vielä ottanut Jumalaa vastaan edes sen jälkeen kun hän on kärsinyt monenlaisista vitsauksista. Uskovat joutuvat tähän tilanteeseen sen tähden että he eivät ole pitäneet Jumalan sanaa vaan kasanneet vain pahuutta pahuuden päälle.

Usein on niin että ihmiset ovat käyttäneet paljon rahaa parantuakseen sairauksista ilman että heillä on mitään muuta edessä kuin kuolema. Nämä ihmiset ovat niitä joita on isketty pimeyden vitsauksella.

He kärsivät myös neuroottisista ongelmista kuten masennuksesta, unettomuudesta sekä hermoromahduksista. He kokevat paljon ongelmia jokapäiväisessä elämässään.

Jumala kuitenkin armahtaa heitä ja vie heidän ahdistuksensa pois jos he ymmärtävät syntinsä ja kääntyvät niistä katuen pois.

Faarao kuitenkin paadutti sydämensä yhä kovemmaksi seistäkseen Jumalan tiellä loppuun saakka. Samoin käy myös nykypäivänä. Itsepäiset ihmiset eivät saavu Jumalan eteen olivat he sitten minkälaisessa pulassa tahansa. He eivät tahdo katua Jumalan edessä vaikka heidän perheenjäsenensä ovat sairastuneet vakavasti, menettäneet omaisuutensa ja joutuneet hengenvaaraan.

Lopulta kuoleman vitsaus osuu meihin jos me seisomme Jumalaa vastaan lukuisten katastrofienkin keskellä.

Esikoisen kuoleman vitsaus

Jumala kertoi Moosekselle mitä seuraavaksi tulisi tapahtumaan.

"Vielä yhden vitsauksen minä annan tulla faraolle ja Egyptiin; sen jälkeen hän päästää teidät täältä. Ja kun hän todella päästää teidät, niin hän ajamalla ajaa teidät täältä. Puhu siis nyt kansalle, että he, jokainen mies ja jokainen vaimo, pyytävät lähimmäisiltänsä hopea ja kultakaluja" (Exodus 11:1-2).

Mooses oli nyt tilanteessa jossa hänet saatettaisiin jopa tappaa jos hän menisi taas faaraon eteen. Silti hän meni tämän eteen toimittamaan Jumalan viestiä.

"Ja kaikki esikoiset Egyptin maassa kuolevat, valtaistuimellansa istuvan faraon esikoisesta käsikiveä vääntävän orjattaren esikoiseen asti, ynnä kaikki karjan esikoiset. Ja koko Egyptin maassa on oleva kova valitus, jonka kaltaista ei ole ollut eikä koskaan tule" (Exodus 11:5-6).

Tämän jälkeen seuraavan yön aikana kaikki esikoiset kuolivat niin faaraon taloudessa kuin kaikissa muissakin Egyptin perheissä. Myös karja menetti esikoisensa.

Egyptissä nousi suuri suru sillä yhdessäkään talossa esikoinen ei ollut selvinnyt hengissä. Faarao oli kovettanut sydämensä loppuun saakka mieltään muuttamatta, ja tämän tähden he joutuivat kärsimään jopa kuoleman vitsauksesta.

Esikoisen kuoleman vitsauksen hengellinen merkitys

Esikoisen kuoleman vitsaus viittaa tilanteeseen jossa henkilö itse tai hänelle oman lapsen tai perheenjäsenen kaltainen rakas läheinen kuolee tai joutuu täyden tuhon tielle ilman toivoa pelastuksesta.

Tämänkaltaisia tapauksia löytyy myös Raamatusta. Israelin ensimmäinen kuningas, Saul, niskoitteli Jumalan sanaa vastaan jonka mukaan hänen oli tuhottava kaikki mitä Amalekissa oli. Hän myös osoitti röyhkeyttä antamalla Jumalalle uhrin omista käsistään vaikka tämä oli sallittua vain papeille. Lopulta Jumala hylkäsi hänet.

Tässä tilanteessa hän yritti tappaa palvelijansa Daavidin sen sijaan että hän olisi ymmärtänyt syntinsä ja katunut. Ihmisten seuratessa Daavidia Saul upposi yhä syvemmälle pahoihin mietteisiin, kuvitellen että Daavid alkaisi kapinoida häntä vastaan.

Joten Saul heitti Daavidia keihäällä kun tämä oli soittamassa hänelle harppua. Hän myös lähetti Daavidin taisteluun jota oli mahdotonta voittaa. Hän jopa lähetti sotilaita Daavidin taloon tappamaan hänet.

Hän myös tappoi Jumalan pappeja sen tähden että he olivat auttaneet Daavidia. Hän keräsi päälleen monia pahoja tekoja. Lopulta hän hävisi taistelun ja kohtasi surkean lopun. Hän tappoi itsensä omalla kädellään.

Entä sitten pappi Eeli ja hänen poikansa? Eeli oli pappi Israelissa tuomareiden aikaan ja hänen oli oltava muille hyvä esimerkki. Hänen poikansa Hofni ja Piinehas olivat kelvottomia miehiä jotka eivät välittäneet Jumalasta (1. Sam. 2:12). Heidän isänsä oli pappi ja siten myös heidän täytyi palvella Jumalaa. He kuitenkin halveksuivat Jumalan uhria. He koskettivat uhrilihaa ennen kuin se annettiin Jumalalle, ja he jopa makasivat teltan ovella palvelevien naisten kanssa.

Lasten mennessä harhaan heidän vanhempiensa on toruttavat heitä, ja jos nämä lapset eivät kuuntele vanhempiaan näiden vanhempien täytyy käyttää tiukempia keinoja lastensa paimentamiseksi. Tämä on vanhempien velvollisuus ja osa aitoa rakkautta. Eeli kuitenkin sanoi ainoastaan, että "Miksi te teette tuolla tavalla? Lopettakaa."

Hänen poikansa eivät kääntyneet synneistään ja kirous lankesi koko perheen ylle. Eelin molemmat pojat kuolivat taistelussa.

Kuultuaan tästä Eeli putosi tuolilta, mursi niskansa ja kuoli. Myös hänen miniänsä sai shokin raskautensa aikana ja hänkin kuoli.

Me näemme näistä tapauksista kuinka traagisen kuoleman kirous ei kohtaa ketään ilman syytä.

Henkilön eläessä Jumalan sanan vastaisesti ja sitä vastaan niskoitellen hän tai hänen perheenjäsenensä tulevat joskus kuolemaan. Osa ihmisistä palaa Jumalan luokse takaisin vasta tämän kuoleman nähtyään.

Nämä ihmiset eivät voi pelastua ollenkaan jos he eivät käänny synneistään edes sen jälkeen kun he ovat todistaneet esikoisensa kuoleman. Tämä on kaikista suurin vitsaus. Tämän tähden sinun täytyy katua syntejäsi ennen vitsausten saapumista, ja jos ne ovat jo osuneet sinuun sinun täytyy katua ennen kuin on liian myöhäistä.

Faarao ei tunnustanut Jumalaa peläten ennen kuin hän oli kokenut kaikki kymmenen vitsausta. Vasta tämän jälkeen hän päästi israelilaiset menemään.

> *"Ja hän kutsutti yöllä Mooseksen ja Aaronin ja sanoi: 'Nouskaa ja menkää pois minun kansani joukosta, sekä te että israelilaiset; menkää ja palvelkaa Herraa, niinkuin olette puhuneet. Ottakaa myös lampaanne ja karjanne mukaanne, niinkuin olette puhuneet, ja menkää ja rukoilkaa minullekin siunausta'"* (Exodus 12:31-32).

Faarao näytti kuinka paatunut hänen sydämensä oli näiden kymmenen vitsauksen aikana, ja tähden hänet pakotettiin päästämään israelilaiset pois. Hän alkoi kuitenkin pian katua sitä ja muutti taas mieltään. Hän kokosi armeijansa ja Egyptin vaunut ja alkoi ajaa israelilaisia takaa.

> *"Ja hän valjastutti hevoset sotavaunujensa eteen ja otti väkensä mukaansa; ja hän otti kuudetsadat valitut sotavaunut sekä kaikki muut Egyptin sotavaunut ynnä*

vaunusoturit niihin kaikkiin. Sillä Herra paadutti faraon, Egyptin kuninkaan, sydämen, niin että hän lähti ajamaan takaa israelilaisia, vaikka israelilaiset olivat lähteneet matkaan voimallisen käden suojassa" (Exodus 14:6-8).

Faarao alistui Jumalan tahtoon koettuaan esikoisten kuolemat mutta pian hän alkoi kuitenkin katua israelilaisten poispäästämistä. Hän kokosi armeijansa ajaakseen heitä takaa. Tästä näkyy kuinka paatunut ja kavala ihmisen sydän voi olla. Lopulta Jumala ei enää antanut hänelle anteeksi eikä Hänellä ollut muuta vaihtoehtoa kuin antaa faaraon armeijan kuolla Punaisen meren aalloissa.

"Mutta Herra sanoi Moosekselle: 'Ojenna kätesi meren yli, että vedet palautuisivat ja peittäisivät egyptiläiset, heidän sotavaununsa ja ratsumiehensä.' Niin Mooses ojensi kätensä meren yli, ja aamun koittaessa meri palasi paikoillensa, egyptiläisten paetessa sitä vastaan; ja Herra syöksi egyptiläiset keskelle merta. Ja vedet palasivat ja peittivät sotavaunut ja ratsumiehet, koko faraon sotajoukon, joka oli seurannut heitä mereen; ei yksikään heistä pelastunut" (Exodus 14:26-28).

Myös nykypäivänä pahat ihmiset pyytävät toista mahdollisuutta kun he ovat vaikeassa tilanteessa. Saatuaan kuitenkin tämän tilaisuuden he palaavat pahoille teilleen. Pahuuden jatkuessa tällä tavalla he kohtaavat lopulta kuoleman.

Kuuliainen elämä ja niskoitteleva elämä

On yksi asia mikä meidän täytyy ymmärtää. Ymmärtäessämme että me olemme tehneet pahaa meidän ei tule enää kasata pahan päälle pahaa vaan kuljettava vanhurskaudessa. 1. Piet. 5:8-9 sanoo: *"Olkaa raittiit, valvokaa. Teidän vastustajanne, perkele, käy ympäri niinkuin kiljuva jalopeura, etsien, kenen hän saisi niellä. Vastustakaa häntä lujina uskossa, tietäen, että samat kärsimykset täytyy teidän veljiennekin maailmassa kestää"* 1. Joh. 5:18 sanoo myös: *"Me tiedämme, ettei yksikään Jumalasta syntynyt tee syntiä; vaan Jumalasta syntynyt pitää itsestänsä vaarin, eikä häneen ryhdy se paha."*

Joten Jumala suojelee meitä palavin silmin niin että meidän ei tarvitse murehtia mistään jos me emme tee syntiä vaan elämme Jumalan sanan mukaisesti.

Me voimme nähdä kuinka ihmiset kohtaavat vastoinkäymisiä ympärillämme ymmärtämättä miksi näin käy. Me voimme myös nähdä kuinka uskovat kohtaavat vaikeuksia.

Jotkut kohtaavat veren tai sääskien vitsauksia, kun taas toiset rakeiden tai heinäsirkkojen vitsauksia. Osa taas kohtaa jopa esikoisen kuoleman vitsauksia tai jopa veteen hukkumisen vitsauksen.

Meidän ei siis tule elää niskoitellen niin kuin faarao vaan elää kuuliaisesti niin että meidän ei tarvitse kärsiä näistä vitsauksista.

Me voimme saada anteeksi vaikka me olisimme tilanteessa jossa me emme voi välttää esikoisen kuoleman tai pimeyden vitsausta. Meidän täytyy vain katua ja kääntyä synneistämme saman tien. Egyptin armeija hukkui Punaiseen mereen ja samalla tavalla meillekin koittaa hetki jolloin kaikki on liian myöhäistä jos me viivyttelemme emmekä käänny synneistämme.

Kuuliaisesta
elämästä

Jos kuulet Herran, sinun Jumalasi, ääntä ja pidät
tarkoin kaikki hänen käskynsä, jotka minä tänä päivänä
sinulle annan, niin Herra, sinun Jumalasi, asettaa sinut
korkeammaksi kaikkia kansoja maan päällä. Ja kaikki
nämä siunaukset tulevat sinun osaksesi ja saavuttavat
sinut, jos kuulet Herran, sinun Jumalasi, ääntä. Siunattu
olet sinä kaupungissa ja siunattu olet kedolla. Siunattu
on sinun kohtusi hedelmä ja maasi hedelmä ja sinun
karjasi hedelmä, raavaittesi vasikat ja lampaittesi karitsat.
Siunattu on sinun korisi ja sinun taikinakaukalosi.
Siunattu olet tullessasi ja siunattu olet lähtiessäsi
(5. Moos. 28:1-6).

Luku 7

Pääsiäinen ja tie pelastukseen

Exodus 12:1-28

"Ja Herra puhui Moosekselle ja Aaronille Egyptin maassa sanoen: 'Tämä kuukausi olkoon teillä kuukausista ensimmäinen; siitä aloittakaa vuoden kuukaudet. Puhukaa koko Israelin kansalle ja sanokaa: Tämän kuun kymmenentenä päivänä ottakoon kukin perheenisäntä itsellensä karitsan, yhden karitsan joka perhekuntaa kohti'" (1-3).

"Ja pitäkää se tallella neljänteentoista päivään tätä kuuta; silloin Israelin koko seurakunta teurastakoon sen iltahämärässä. Ja he ottakoot sen verta ja sivelkööt sillä molemmat pihtipielet ja ovenpäällisen niissä taloissa, joissa he sitä syövät. Ja he syökööt lihan samana yönä; tulessa paistettuna, happamattoman leivän ja katkerain yrttien kanssa he sen syökööt. Älkää syökö siitä mitään raakana tai vedessä keitettynä, vaan tulessa paistettuna päineen, jalkoineen ja sisälmyksineen. Älkääkä jättäkö siitä mitään huomenaamuksi; mutta jos jotakin siitä jäisi huomenaamuksi, niin polttakaa se tulessa. Ja syökää se näin: kupeet vyötettyinä, kengät jalassanne ja sauva kädessänne; ja syökää se kiiruusti. Tämä on pääsiäinen Herran kunniaksi" (6-11).

Me näemme tästä että tähän saakka faarao ja hänen palvelijansa elivät Jumalan sanasta välittämättä.

Tämän johdosta Egyptiä kohtasi vähäisempiä vitsauksia. Kun tämä niskoittelu kuitenkin jatkui monet sairaudet alkoivat levitä, heidän omaisuutensa katosi ja lopulta he menettivät henkensä.

Israelin kansa ei kuitenkaan kärsinyt yhdestäkään vitsauksesta siitä huolimatta että he elivät samassa maassa.

Israelilaiset eivät menettäneet lainkaan ihmishenkiä kun Jumala iski egyptiläisten elämiä viimeisen vitsauksen aikana. Tämä johtui siitä että Jumala näytti Israelin kansalle tien pelastukseen.

Tämä ei kosken ainoastaan Israelin kansaa monta tuhatta vuotta sitten vaan myös meitä jotka elämme tänä päivänä.

Kuinka välttää esikoisen kuoleman vitsaus

Ennen esikoisten kuoleman vitsausta Jumala kertoi israelilaisille kuinka he voisivat välttyä tältä vitsaukselta.

"Puhukaa koko Israelin kansalle ja sanokaa: Tämän kuun kymmenentenä päivänä ottakoon kukin perheenisäntä itsellensä karitsan, yhden karitsan joka perhekuntaa kohti" (Exodus 12:3).

Jumala suojeli Israelin kansaa voimallaan aina veren vitsauksesta pimeyden vitsaukseen saakka vaikka Israelin kansa ei ollutkaan tehnyt itse mitään. Ennen viimeistä vitsausta Jumala kuitenkin tahtoi Israelin kansan tekevän jonkinlaisen kuuliaisuuden teon.

Heidän piti ottaa lammas ja sivellä sen verta talon ovenpieliin ja syödä tämä lammas talossa paistettuna. Tämä olisi merkki jolla Jumalan kansa erottuisi muista kun Jumala tappaisi kaikki Egyptin maassa olevat esikoiset.

Viimeinen vitsaus ei koskenut taloja joiden ovenpieliin oli sivelty verta, ja tämän tähden juutalaiset juhlistavat pääsiäistä yhä tänäkin päivänä pelastuksen päivänä. Nykyään pääsiäinen on juutalaisten suurin juhla. He syövät lammasta, happamatonta leipää sekä katkeria yrttejä päivän kunniaksi. Tästä kerrotaan enemmän luvussa 8.

Ota karitsa

Jumala käski heitä ottamaan karitsan, sillä se on hengellisesti Jeesuksen Kristuksen vertauskuva.

Yleensä Jumalaan uskovia kutsutaan Hänen 'lampaiksi.' Monet luulevat että 'lammas' tarkoittaa tuoretta kristittyä, mutta Raamattu kuitenkin sanoo että 'lammas' viittaa Jeesukseen Kristukseen.

Jakeessa Joh. 1:29, Johannes Kastaja sanoi Jeesukseen osoittaen seuraavasti: *"Katso, Jumalan Karitsa, joka ottaa pois maailman synnin!"* 1. Piet. 1:18-19 sanoo: *"Tietäen, ettette ole*

millään katoavaisella, ette hopealla ettekä kullalla, lunastetut
turhasta, isiltä peritystä vaelluksestanne, vaan Kristuksen
kalliilla verellä, niinkuin virheettömän ja tahrattoman
karitsan.''

Jeesuksen luonne sekä käytös muistuttavat meitä lempeästä
karitsasta. Matteus 12:19-20 sanoo: *''Ei hän riitele eikä huuda,*
ei hänen ääntänsä kuule kukaan kaduilla. Särjettyä ruokoa hän
ei muserra, ja suitsevaista kynttilänsydäntä hän ei sammuta,
kunnes hän saattaa oikeuden voittoon.''

Karista kuuntelee ainoastaan paimenensa ääntä sitä seuraten,
ja samalla tavalla myös Jeesus noudatti Jumalan tahtoa sanoen
vain ''Aamen'' tai ''Kyllä'' (Ilm. 3:14). Hän tahtoi ainoastaan
täyttää Jumalan tahtoa aina Hänen ristiinnaulitsemiseensa
saakka (Luukas. 22:42).

Lampaasta saadaan pehmeää villaa, ravintorikasta maitoa
sekä lihaa. Samalla tavalla Jeesus uhrattiin sovitusuhrina jotta me
voisimme olla Jumalan edessä puhtaita, ja tämän tähden Hän
vuodatti kaiken verensä ja vetensä ristillä.

Joten Jeesusta kutsutaan karitsaksi useassa kohtaa Raamattua.
Jumala kertoi israelilaisille kuinka viettää pääsiäistä ja Hän myös
kertoi kuinka käsitellä karitsaa.

''Mutta jos perhe on liian pieni koko karitsaa
syömään, niin ottakoon lähimmän naapurinsa kanssa
yhteisen karitsan, henkilöluvun mukaan. Karitsaa kohti
laskekaa niin monta, että voivat sen syödä. Ja karitsanne

olkoon virheetön, vuoden vanha urospuoli; lampaista tai vuohista se ottakaa" (Exodus 12:4-5).

He saivat jakaa lampaan tai vuohen karitsan naapurinsa kanssa jos yksi perhe ei pystynyt syömään koko karitsaa. Me voimme tuntea tämän kautta kuinka herkkää myötätuntoa täynnä olevan Jumalan rakkaus onkaan.

Jumala käski heitä valitsemaan virheettömän, vuoden vanhan uroskaritsan sen tähden että tuohon aikaan vuodesta sen liha on parhaimmillaan kun se ei ole vielä paritellut. Aivan kuten ihmiset, myös karitsat ovat nuorena kauneimmillaan ja puhtaimmillaan.

Jumala on pyhä ja täysin nuhteeton ja tahraton, ja tämän tähden Hän sanoi heille että heidän pitäisi ottaa kaikkein kaunein, yksivuotias, karitsa.

Sivele verta ja pysyttele sisällä aamuun saakka

Jumala sanoi että heidän täytyi ottaa karitsa taloutensa henkilömäärän mukaan. Exodus 12:6 kertoo meille että heidän ei pitänyt tappaa lammasta välittömästi vaan vasta neljän päivän kuluttua, iltahämärässä. Jumala antoi heille aikaa valmistautua tähän vilpittömällä sydämellä.

Miksi Jumala sanoi heille että heidän piti tappaa karitsa vasta iltahämärässä?

Aatamin niskoittelusta alkanut ihmiskunnan kasvatus voidaan yleisesti ottaen jakaa kolmeen osaan. Aatamista Aabrahamiin on noin 2000 vuotta, ja tämä on ihmiskunnan kasvatuksen alkuaikaa. Yhteen päivään verrattuna tätä aikaa voidaan kutsua aamuksi. Tämän jälkeen Jumala nimitti Aabrahamin uskon esi-isäksi. Tämän ja Jeesuksen maahan saapumisen välillä on noin 2000 vuotta. Tätä voidaan verrata päiväsaikaan. Jeesuksen ajoista on nyt kulunut noin 2000 vuotta. Nämä ovat ihmiskunnan kasvatuksen viimeisiä hetkiä ja tätä voidaan kutsua iltahämäräksi (1. Joh. 2:18; Juud. 1:18; Hepr. 1:2; 1. Piet. 1:5, 20). Aika, jolloin Jeesus saapui maan päälle lunastamaan meidät synneistämme oman ristin kuolemansa kautta kuuluu tähän ihmisten kasvatuksen viimeiseen osaan. Tämän tähden Jumala käski juutalaisia tappamaan karitsan vasta iltahämärässä eikä päiväsaikaan.

Ihmisten tuli sivellä verta sekä ovien pieliin että sen päälle (Exodus 12:7). Hengellisesti tämä karitsan veri viittaa Jeesuksen Kristuksen vereen. Jumala käski heitä sivelemään verta oven ympärille sen tähden että me kaikki pelastumme Jeesuksen veren kautta. Vuodattamalla verensä ja kuolemalla ristillä Jeesus lunasti meidät synneistä ja pelasti meidän elämämme. Tämä on tämän veren hengellinen merkitys.

Meidät synneistämme lunastava veri on pyhää verta, ja siten he eivät saaneet sivellä sitä kynnykselle jonka päälle ihmiset astuivat vaan ainoastaan sen päälle ja sivuille.

Jeesus sanoi: *"Minä olen ovi; jos joku minun kauttani menee sisälle, niin hän pelastuu, ja hän on käyvä sisälle ja käyvä ulos ja löytävä laitumen"* (John 10:9). Kuten jo mainittiin, esikoisten kuoleman yöllä kaikki taloudet jotka eivät olleet merkinneet taloaan verellä kohtasivat kuolemaa, mutta verellä merkityt talot säästyivät niiltä.

He eivät kuitenkaan voineet pelastua kuolemalta jos he astuivat ulos talostaan vaikka heidän ovensa olikin merkitty verellä (Exodus 12:22). Ulos astuminen tarkoittaa että he eivät halunneet olla tekemisissä Jumalan liiton kanssa, ja siten heidän täytyi kärsiä esikoisen kuoleman vitsauksesta.

Hengellisesti ulos astuminen symboloi pimeyttä jolla ei ole mitään tekemistä Jumalan kanssa. Tämä on epätotuuden maailmaa. Samalla tavalla me emme voi nykyään pelastua vaikka me olemme ottaneet Herran vastaan jos me myöhemmin jätämme Hänet.

Paista karitsa ja syö se kokonaisena

Egyptissä nousi suuri suru talouksissa tapahtuneiden kuolemien tähden. Alkaen faaraosta joka ei ollut pelännyt Jumalaa edes sen jälkeen kun hän oli todistanut Hänen suuria tekojaan koko Egypti alkoi vaikertaa yön pimeydessä.

Israelilaiset eivät kuitenkaan astuneet ulos koko yön aikana. He pysyivät sisällä ja söivät karitsaa niin kuin Jumala oli heitä käskenyt. Minkä tähden heidän täytyi syödä lammasta keskellä yötä? Tähän sisältyy hengellinen merkitys.

Ennen hyvän- ja pahantiedon puusta syömistään Aatami eli Jumalan, itse kirkkauden, huolenpidon alla. Hänestä tuli kuitenkin synnin orja sen jälkeen kun hän niskoitteli Jumalaa vastaan. Tämän tähden kaikki hänen jälkeläisensä, koko ihmiskunta, lankesi paholais-vihollisen ja Saatanan, pimeyden ruhtinaan, vaikutusvallan alle. Tämän tähden tämä maailma kuuluu pimeyteen, yöhön.

Israelilaisten täytyi syödä karitsa myöhään yöllä, ja samalla tavalla meidän jotka elämme hengellisesti pimeyden maailmassa täytyy syödä Ihmisen Pojan lihaa, Jumalan sanaa, sekä juoda Hänen vertaan voidaksemme pelastua. Jumala selitti heille yksityiskohtaisesti kuinka heidän tuli valmistaa tämä karitsa. Heidän täytyi syödä se happamattoman leivän ja katkerien yrttien kera (Exodus 12:8).

Hiiva on eräänlainen sieni jota käytetään leivän kohottamiseen. Se hapattaa leivän tehden siitä pehmeämpää ja maukkaampaa. Ilman hiivaa leivottu leipä ei maistu yhtä hyvältä kuin hiivan kanssa leivottu leipä.

Jumala käski heitä syömään karitsan vähemmän maukkaan happamattoman leivän sekä katkerien yrttien kera jotta he muistaisivat tämän päivän jolloin kyseessä oli elämä ja kuolema.

Hiiva viittaa myös hengellisesti syntiin. Täten 'hiivattoman happamattoman leivän syöminen' symboloi sitä että meidän täytyy poistaa syntimme ja pahuus voidaksemme tulla pelastetuksi.

Jumala käski heitä myös paistamaan karitsan tulen päällä, kieltäen heitä syömästä sitä raakana tai keitettynä. Hän myös käski heitä syömään sen kokonaan päineen, jalkoineen ja sisälmyksineen (Exodus 12:9).

Tässä 'raakana syöminen' tarkoittaa Jumalan sanan tulkitsemista kirjaimellisesti.

Esimerkiksi Matteus 6:6 sanoo: *"Vaan sinä, kun rukoilet, mene kammioosi ja sulje ovesi ja rukoile Isääsi, joka on salassa; ja sinun Isäsi, joka salassa näkee, maksaa sinulle."* Jos me tulkitsisimme tämän kirjaimellisesti meidän täytyisi mennä sisimpään huoneeseen, sulkea ovi ja rukoilla. Raamattu ei kuitenkaan mainitse missään että henkilö menisi sisimpään kammioon rukoilemaan ovi suljettuna.

Jos meidän ruokavaliomme sisältää raakaa lihaa me saatamme saada parasiittien kautta tulehduksia tai vatsavaivoja. Jumalan sanan kirjaimellisesti tulkitseminen johtaa väärinkäsityksiin ja ongelmiin. Tällöin me emme voi omata hengellistä uskoa ja niin me ajaudumme kauemmaksi pelastuksesta.

'Vedessä keittäminen' tarkoittaa filosofian, tieteen, lääketieteen tai ihmisajatusten lisäämistä Jumalan sanaan. Lihan keittäminen vedessä tarkoittaa sitä että kaikki mehut valuvat lihasta ulos ja suuri osa ravintoaineista valuu hukkaan. Samalla tavoin me emme voi saada hengellistä uskoa jos me lisäämme totuuden sanaan tämän maailman tietoutta. Tämän avulla me voimme saada uskoa vain tietouden muodossa, mikä ei kuitenkaan johda pelastukseen.

Mitä sitten tarkoittaa karitsan tulen päällä paistaminen? Tässä 'tuli' tarkoittaa Pyhää Henkeä. Jumalan sana kirjoitettiin Pyhän Hengen hurmiossa ja siten kun me kuulemme tai luemme sitä meidän täytyy tehdä se Pyhän Hengen täyteydessä ja hurmiossa. Muussa tapauksessa sanasta tulee vain tietoutta eikä siitä muodostu meille hengellistä leipää.

Voidaksemme syödä tulen päällä paistettua Jumalan sanaa meidän täytyy rukoilla kiivaasti. Rukous on kuin öljyä, joka on Pyhän Hengen täyteyden lähde. Jumalan sana maistuu hunajaakin makeammalta kun me nautimme siitä Pyhän Hengen innoittamana. Tämä tarkoittaa sitä että me kuuntelemme sanaa janoisella sydämellä kuin virran varrella janoava peura. Näin meistä tuntuu siltä että Jumalan sanan kuulemiseen käytetty aika on hyvin kallisarvoista, ja siten se ei koskaan tunnu meistä tylsältä.

Me emme ymmärrä monia asioita jos me kuunnellessamme Jumalan sanaa käytämme samalla omia kokemuksiamme ja tietouttamme.

Jumala sanoo että meidän tulee esimerkiksi kääntää toinenkin poski jos joku lyö meitä toiselle poskelle. Meidän täytyy myös antaa viittamme jos joku pyytää meiltä vaippaa ja kulkea kaksi mailia henkilön kanssa joka pakottaa meidät kulkemaan kanssaan yhden mailin. Monet myös luulevat että kostaminen on oikein mutta Jumala käskee meitä rakastamaan vihollisiamme, nöyrtämään itsemme sekä palvelemaan muita (Matteus 5:39-44).

Tämän tähden meidän täytyy murskata kaikki ajatuksemme ja kuunnella Jumalan sanaa ainoastaan Pyhän Hengen kanssa. Vasta sitten Jumalan sanasta tulee meidän elämämme ja vahvuutemme niin että me voimme heittää kaikki epätotuudet pois ja meidät ohjataan ikuisen elämän polulle.

Liha maistuu yleensä paremmalta kun se paistetaan tulen yllä, ja tällä tavalla voidaan myös välttää terveydellisiä haittoja. Samalla tavalla paholais-vihollinen ja Saatana ei voi tehdä töitään niiden parissa jotka ovat yhtyneet Jumalan sanaan hengellisesti pitäen sitä hunajaakin makeampana.

Jumala käski israelilaisia syömään myös karitsan pään, jalat ja sisälmykset. Tämä tarkoittaa sitä että meidän täytyy ottaa omaksemme kaikki Raamatun 66 kirjaa jättämättä yhtään niistä huomioimatta.

Raamattu pitää sisällään luomisen alkuperän sekä ihmiskunnan kasvatuksen suunnitelman. Lisäksi se neuvoo kuinka tulla Jumalan todelliseksi lapseksi. Raamattu pitää myös sisällään pelastuksen suunnitelman joka on pidetty salassa aina aikojen alusta saakka. Raamattu pitää sisällään siis koko Jumalan tahdon.

Täten 'pään, jalkojen ja sisälmysten' syöminen tarkoittaa että meidän pitää ottaa Raamattu vastaan kokonaisuudessaan aina

Genesiksestä Ilmestyskirjaan saakka.

Älä jätä mitään aamuksi, syö kiireisesti

Israelin kansa söi kotonaan tulen päällä paistettua karitsaa eivätkä he jättäneet mitään aamuksi, sillä Exodus 12:10 sanoo: *"Älkääkä jättäkö siitä mitään huomenaamuksi; mutta jos jotakin siitä jäisi huomenaamuksi, niin polttakaa se tulessa."*

'Aamulla' pimeys väistyy ja kirkkaus saapuu. Hengellisesti tämä viittaa Herran toisen tulemisen aikaan. Me emme voi enää valmistella öljyämme kun Hän tulee (Matteus 25:1-13), ja niin meidän täytyy kuunnella Jumalan sanaa tunnollisesti ja elää sen mukaan ennen Herra Jeesuksen paluuta.

Ihmiset elävät vain 70 tai 80 vuoden ajan, emmekä me tiedä milloin meidän elämämme päättyy. Täten meidän täytyy noudattaa Jumalan sanaa tunnollisesti joka hetki.

Israelin kansan täytyi paeta Egyptistä esikoisen kuoleman vitsauksen jälkeen, ja tämän tähden Jumala käski heitä syömään kiireisesti.

"Ja syökää se näin: kupeet vyötettyinä, kengät jalassanne ja sauva kädessänne; ja syökää se kiiruusti. Tämä on pääsiäinen Herran kunniaksi" (Exodus 12:11).

Tämä tarkoittaa sitä että heidän täytyi olla valmiina lähtemään vaatteet päällä ja kengät jalassa. Kupeet vyötettyinä ja kengät jalassa tarkoittaa sitä että heidän täytyi olla täysin valmiina.

Myös meidän täytyy olla täysin hereillä ja valmiina voidaksemme pelastua Jeesuksen Kristuksen kautta ja päästä taivaalliseen kuningaskuntaan niin kuin israelilaiset jättivät vitsausten piinaaman Egyptin Kanaanin luvatun maan tähden.

Jumala käski heitä myös pitämään sauvan kädessään, mikä tässä symboloi uskoa. Me emme kaadu ja kaikki on turvallisempaa ja helpompaa jos kävelemme tai kiipeämme vuorelle sauva kädessä.

Mooses sai sauvan siitä hyvästä että hän ei ollut saanut Pyhää Henkeä sydämeensä. Jumala antoi Moosekselle hengellisesti uskoa symboloivan sauvan. Täten Israelin kansa saattoi kokea Jumalan väkevyyden sauvan kautta jonka he pystyivät näkemän omilla silmillään. Täten Egyptin Exodus saattoi käydä toteen.

Myös nykyään meidän täytyy omata hengellistä uskoa voidaksemme päästä taivaalliseen kuningaskuntaan. Me voimme pelastua vasta sitten kun me uskomme Jeesukseen Kristukseen joka kuoli synnittömänä ristillä ja nousi kuolleista. Me voimme pelastua täysin vasta sitten kun me seuraamme Jumalan sanaa syömällä Herran lihaa ja juomalla Hänen vertaan.

Nyt Herran paluun aika on erittäin lähellä. Meidän täytyy siis noudattaa Jumalan sanaa ja rukoilla tulisesti jotta me voimme aina olla voittoisia taisteluissa pimeyden voimia vastaan.

"Sentähden ottakaa päällenne Jumalan koko sota-

asu, voidaksenne pahana päivänä tehdä vastarintaa ja kaikki suoritettuanne pysyä pystyssä. Seisokaa siis kupeet totuuteen vyötettyinä, ja olkoon pukunanne vanhurskauden haarniska, ja kenkinä jaloissanne alttius rauhan evankeliumille. Kaikessa ottakaa uskon kilpi, jolla voitte sammuttaa kaikki pahan palavat nuolet, ja ottakaa vastaan pelastuksen kypärä ja Hengen miekka, joka on Jumalan sana" (Efesolaiskirje 6:13-17).

Luku 8

Ympärileikkaus ja pyhä ehtoollinen

Exodus 12:43-51

Ja Herra sanoi Moosekselle ja Aaronille: "Tämä on säädös pääsiäislampaasta: Kukaan muukalainen älköön siitä syökö" (43).

Mutta yksikään ympärileikkaamaton älköön siitä syökö (48).

Sama laki olkoon maassa syntyneellä ja muukalaisella, joka asuu teidän keskuudessanne(49).

Ja juuri sinä päivänä Herra vei israelilaiset joukkoinensa pois Egyptin maasta (51).

Pääsiäisen juhlistaminen on vanhin yhä vietettävä juhla koko maailmassa yli 3500 vuotta vanhana perinteenä. Tämä oli Israelin valtion perustamisen perusta. Pääsiäinen on hepreaksi חסכ (Pesach), ja se tarkoittaa jonkin anteeksiantamista tai siirtämistä. Se tarkoittaa että pimeyden varjo siirtyi Israelin karitsan verellä merkittyjen talojen ohitse kun esikoisen kuoleman vitsaus osui Egyptiin.

Jopa tänäkin päivänä Israelissa talot siivotaan ja kaikki happamaton leipä poistetaan kodeista pääsiäisenä. Pikkulapset etsivät sänkyjen alta ja huonekalujen takaa taskulamppujen kanssa happamattoman leivän tai hiivattomien välipalojen palasia. Taloudet myös syövät pääsiäisen sääntöjen mukaisesti. Perheen pää tuo pääsiäisaterian ja yhdessä perhe juhlistaa Exodusta.

"Miksi me syömme tänään *Matzoa* (happamatonta leipää)?"

"Miksi me syömme tänään *Maroria* (kitkeriä yrttejä)?"

"Miksi me syömme kahdesti suolaveteen kastettua persiljaa? Miksi me syömme katkeria yrttejä *Haroshetin* kanssa (punertava hillo, joka symboloi tiilien paistamista Egyptissä)?"

"Miksi me makaamme ja syömme pääsiäisruokaa?"

Aterian johtaja selittää että heidän täytyi syödä happamatonta leipää sen tähden että heidän täytyi jättää Egypti kiireesti. Hän selittää myös että he syövät katkeria yrttejä muistaakseen Egyptin orjuuden tuskan ja kahdesti suolaveteen kastettua persiljaa muistaakseen heidän Egyptissä vuodattamansa kyyneleet.

Heidän esi-isänsä vapautuivat kuitenkin orjuudesta ja siten he syövät tämän ruoan makuuasennossa ilmaisten siten riemua ja iloa sen johdosta ettei heidän täydy lähteä mihinkään. Samalla kun aterian johtajat kertovat tarinoita Egyptin kymmenestä vitsauksesta jokainen perheenjäsen pitää suussaan hieman viiniä ja sylkäisee sen sitten erilliseen maljaan kun vitsauksen nimi mainitaan.

Pääsiäisen tapahtumat tapahtuivat yli 3500 vuotta sitten mutta pääsiäisaterian kautta jopa nykyajan lapsetkin voivat kokea Exoduksen. Juutalaiset seuraavat yhä tänäkin päivänä Jumalan tuhansia vuosia sitten määräämää ateriaa.

Tähän perustuu Diasporan voima ympäri maailmaa levinneiden juutalaisten paluun Israelin valtion uudelleenperustamiseksi.

Pääsiäisen osanoton vaatimukset

Sinä yönä kun esikoisten kuoleman vitsaus osui Egyptiin israelilaiset välttivät kuoleman Jumalan sanaa noudattamalla. Heidän täytyi kuitenkin täyttää tietyt vaatimukset voidakseen ottaa osaa pääsiäisjuhlaan.

Ja Herra sanoi Moosekselle ja Aaronille: "Tämä on säädös pääsiäislampaasta: Kukaan muukalainen älköön siitä syökö; mutta jokainen rahalla ostettu orja syököön siitä, kunhan olet ympärileikannut hänet. Loinen ja päiväpalkkalainen älkööt siitä syökö. Samassa talossa se syötäköön; älköön mitään siitä lihasta vietäkö talosta ulos, älkääkä siitä luuta rikkoko. Koko Israelin seurakunta viettäköön sitä ateriaa. Ja jos joku muukalainen asuu sinun luonasi ja tahtoo viettää pääsiäistä Herran kunniaksi, niin ympärileikkauttakoon kaikki miehenpuolensa ja sitten käyköön sitä viettämään ja olkoon silloin niinkuin maassa syntynyt. Mutta yksikään ympärileikkaamaton älköön siitä syökö. Sama laki olkoon maassa syntyneellä ja muukalaisella, joka asuu teidän keskuudessanne" (Exodus 12:43-49).

Vain ympärileikatut saattoivat ottaa osaa pääsiäisateriaan. Ympärileikkaus on välttämätöntä elämän kannalta ja hengellisesti se liittyy pelastukseen.

Ympärileikkaus tarkoittaa esinahan poistamista joko osittain tai kokonaan. Israelissa se tehdään kahdeksantena päivänä syntymän jälkeen.

Genesis 17:9-10 sanoo: *"Ja Jumala sanoi Aabrahamille: 'Mutta sinä pidä minun liittoni, sinä ja sinun jälkeläisesi, sukupolvesta sukupolveen. Ja tämä on minun liittoni sinun ja sinun jälkeläistesi kanssa; pitäkää se: ympärileikatkaa jokainen miehenpuoli.'"*

Siunatessaan liittonsa Aabrahamin, uskon isän kanssa, Jumala pyysi häntä tekemään ympärileikkauksen liiton merkiksi. Ympärileikkaamattomat eivät voineet saada siunauksia.

"Ympärileikatkaa esinahkanne liha, ja se olkoon liiton merkki meidän välillämme, minun ja teidän. Sukupolvesta sukupolveen ympärileikattakoon jokainen poikalapsi teidän keskuudessanne kahdeksan päivän vanhana, niin hyvin kotona syntynyt palvelija kuin muukalaiselta, keneltä tahansa, rahalla ostettu, joka ei ole sinun jälkeläisiäsi. Ympärileikattakoon sekä kotonasi syntynyt että rahalla ostamasi; ja niin minun liittoni on oleva merkitty teidän lihaanne iankaikkiseksi liitoksi. Mutta ympärileikkaamaton miehenpuoli, jonka esinahan liha ei ole ympärileikattu, hävitettäköön kansastansa; hän on rikkonut minun liittoni" (Genesis 17:11-14).

Miksi Jumala sitten käski heitä tekemään ympärileikkauksen kahdeksantena päivänä?

Vauva syntyy äitinsä kohdusta yhdeksän kuukauden jälkeen, eikä sen ole helppo tottua ympärillään olevaan ympäristöön sillä kaikki sen ympärillä on täysin uutta. Sen solut ovat yhä heikkoja mutta seitsemän päivän jälkeen se alkaa tottua uuteen ympäristöönsä. Tässä vaiheessa vauvat eivät ole kuitenkaan vielä aktiivisia.

Tässä vaiheessa tehty ympärileikkaus aiheuttaa vain vähän kipua ja sen aiheuttama haava sulkeutuu nopeasti. Myöhemmin lapsen iho kuitenkin kovenee ja sama toimenpide olisi hyvin kivulias.

Jumala käski israelilaisia tekemään ympärileikkauksen kahdeksantena päivänä hygienian ja kasvun tähden, ja samalla se oli merkki Hänen liitostaan.

Ympärileikkaus liittyy elämään

Exodus 4:24-26 sanoo: *"Ja matkan varrella yöpaikassa tapahtui, että Herra kävi hänen kimppuunsa ja tahtoi surmata hänet. Silloin Sippora otti terävän kiven ja leikkasi pois poikansa esinahan, kosketti sillä Moosesta alhaalta ja sanoi: 'Sinä olet minun veriylkäni.' Niin hän jätti hänet rauhaan. Silloin Sippora sanoi: 'Veriylkä ympärileikkauksen kautta.'"*

Miksi Jumala yritti tappaa Mooseksen?

Me voimme ymmärtää tämän jos me tiedämme kuinka Mooses kasvoi ja syntyi. Hänen syntymänsä aikoihin annettiin määräys että kaikki vastasyntyneet heprealaiset oli tapettava jotta israelilaiset tuhoutuisivat kokonaan.

Mooseksen äiti kätki Mooseksen pitääkseen tämän elossa. Lopulta hän asetti poikansa kaislakoriin ja piilotti korin Niilin kaislikkoon. Jumalan johdatuksesta egyptiläinen prinsessa kuitenkin löysi Mooseksen ja niin hänestä tuli prinsessan adoptoimana prinssi. Tämän tähden häntä ei koskaan ympärileikattu.

Häntä ei oltu ympärileikattu vielä vaikka häntä jo kutsuttiin Exoduksen johtajaksi. Tämän tähden Jumalan enkeli yritti tappaa hänet. Täten ympärileikkaus liittyy siis elämään; ympärileikkaamattomalla ei ole mitään tekemistä Jumalan kanssa.

Heprealaiskirje 10:1 sanoo: *"Sillä koska laissa on vain tulevan hyvän varjo, ei itse asiain olemusta."* Tässä laki viittaa Vanhaan testamenttiin ja 'tuleva' Uuteen testamenttiin, eli Jeesuksen Kristuksen kautta tulevaan hyvään.

Asia ja sen varjo ovat yhtä eikä kumpikaan niistä pysty olemaan olemassa ilman toista. Tämän tähden Jumalan Vanhan testamentin aikana antama käsky ympärileikkauksesta jonka mukaan ympärileikkaamattomat eivät kuulu Jumalan kansaan pätee yhä tänäkin päivänä.

Toisin kun Vanhan testamentin aikana meidän ei kuitenkaan tarvitse nykyään enää käydä läpi fyysistä ympärileikkausta. Meidän täytyy nyt käydä läpi hengellinen ympärileikkaus, sydämen ympärileikkaus.

Fyysinen ympärileikkaus ja sydämen ympärileikkaus

Roomalaiskirje 2:28-29 sanoo, *"Sillä ei se ole juutalainen, joka vain ulkonaisesti on juutalainen, eikä ympärileikkaus se, joka ulkonaisesti lihassa tapahtuu; vaan se on juutalainen, joka sisällisesti on juutalainen, ja oikea ympärileikkaus on sydämen ympärileikkaus Hengessä, ei kirjaimessa; ja hän saa kiitoksensa, ei ihmisiltä, vaan Jumalalta."* Fyysinen ympärileikkaus on pelkkä varjo, ja Uudessa testamentissa oleva alkuperäinen aisa on sydämen ympärileikkaus. Tämä on se asia joka antaa meille meidän pelastuksemme.

Vanhan testamentin aikoina ihmiset eivät saaneet Pyhää Henkeä eivätkä he siten pystyneet heittämään epätotuutta pois sydämestään. Täten he osoittivat kuuluvansa Jumalalle olemalla fyysisesti ympärileikattuja. Uuden testamentin aikana me kuitenkin saamme Pyhän Hengen sydämeemme kun me otamme Jeesuksen Kristuksen vastaan, ja tämä Pyhä Henki auttaa meitä elämään totuudessa niin että me voimme heittää epätotuudet pois sydämestämme.

Sydämen ympärileikkaaminen tällä tavalla on Vanhan testamentin kehon ympärileikkaamisen käskyn seuraamista. Se on myös tapa juhlistaa pääsiäistä.

"Ympärileikatkaa itsenne Herralle ja poistakaa sydämenne esinahka" (Jeremia 4:4).

Mitä sitten sydämen esinahan poistaminen tarkoittaa? Se tarkoittaa koko Jumalan sanan pitämistä käski se sitten meitä tekemään jotakin tai jättämään jotakin tekemättä, pitämään tai heittämään pois.

Me emme ainoastaan pidättäydy tekemästä niitä asioita joita Jumala on meitä kieltänyt meitä tekemästä, kuten, "Älä vihaa, älä tuomitse tai arvostele, älä varasta, älä tee haureutta." Me myös heitämme pois ja pidämme mitä Hän käskee meitä pitämään tai heittämään pois, kuten "Heitä kaikki paha pois, pyhitä lepopäivä, pidä Jumalan käskyt."

Me myös teemme mitä Hän on meitä käskenyt tekemään, kuten "Levitä evankeliumia, rukoile, anna anteeksi, rakasta, jne." Tekemällä näin me ajamme kaiken epätotuuden, pahan, epähurskauden, laittomuuden ja pimeyden pois sydämestämme. Näin me voimme pitää sen puhtaana ja täyttää sen totuudella.

Sydämen ympärileikkaus ja täydellinen pelastus

Pääsiäinen luotiin Mooseksen aikana jotta israelilaiset voisivat välttää esikoisten kuoleman vitsauksen. Täten ei siis tarkoita että henkilö pelastuu ikuisiksi ajoiksi ainoastaan sen tähden että hän ottaa osaa pääsiäiseen.

Kaikki Egyptistä lähteneet israelilaiset olisivat päässeet maidon ja hunajan luvattuun maahan, Kanaanin maahan, jos pääsiäisjuhlaan osanottaminen olisi antanut heille ikuisen pelastuksen.

Totuus kuitenkin oli, että Joosuaa ja Kaalebia lukuun ottamatta kukaan Exoduksen aikana yli 20 vuotta vanha ollut ei osoittanut tarpeeksi uskoa tai uskon tekoja. Tämän sukupolven täytyi pysyä erämaassa 40 vuoden ajan ja kuolla siellä näkemättä koskaan Kanaanin luvattua maata.

Näin on myös tänä päivänä. Jeesuksen Kristuksen hyväksyminen ja Jumalan lapseksi tuleminen ei takaa ikuista pelastusta. Tämä tarkoittaa vain sitä että me olemme päässeet pelastuksen rajojen sisäpuolelle.

Täten voidaksemme pelastua ikuisiksi ajoiksi meidän täytyy käydä Jumalan sanan avulla tehdyn ympärileikkauksen prosessi, aivan kuten israelilaisten täytyi sietää 40 vuoden koettelemus ennen Kanaanin maahan pääsyä.

Me saamme Pyhän Hengen sen jälkeen kun me olemme ottaneet Jeesuksen Kristuksen vastaan henkilökohtaiseksi pelastajaksi. 'Pyhän Hengen saaminen' ei kuitenkaan tarkoita sitä että meidän sydämemme olisi täysin puhdas. Meidän täytyy ympärileikata sydäntämme siihen saakka että me saavutamme täydellisen pelastuksen. Vasta sitten me voimme saada tämän omaksemme kun me pidämme sydämemme, elämän lähteen, sydämen ympärileikkauksen avulla.

Sydämen ympärileikkauksen tärkeys

Meistä voi tulla Jumalan pyhiä lapsia ja me voimme elää vastoinkäymisistä vapaata elämää vasta sitten kun me puhdistamme syntimme ja pahuutemme pois Jumalan sanalla ja leikkaamme ne pois Pyhän Hengen miekalla.

Toinen syy siihen että meidän täytyy ympärileikata

sydämemme löytyy hengellisten taisteluiden voittamisesta. Raivoisat, näkymättömät taistelut riehuvat jatkuvasti Jumalalle kuuluvan hyvyyden henkien ja pahojen henkien välillä.

Efesolaiskirje 6:12 sanoo: *"Sillä meillä ei ole taistelu verta ja lihaa vastaan, vaan hallituksia vastaan, valtoja vastaan, tässä pimeydessä hallitsevia maailmanvaltiaita vastaan, pahuuden henkiolentoja vastaan taivaan avaruuksissa."* Meidän täytyy omata täysin puhdas sydän voidaksemme voittaa hengellinen taistelu. Tämä johtuu siitä että hengellisessä maailmassa synnittömyys on voimaa. Tämän tähden Jumala tahtoo meidän ympärileikkaavan sydämemme ja Hän kertoo meille useaan otteeseen kuinka tärkeää tämä ympärileikkaus on.

"Rakkaani, jos sydämemme ei syytä meitä, niin meillä on uskallus Jumalaan, ja mitä ikinä anomme, sen me häneltä saamme, koska pidämme hänen käskynsä ja teemme sitä, mikä on hänelle otollista" (1. Joh. 3:21-22).

Meidän täytyy siis ympärileikata sydämemme jos me tahdomme saada vastauksia sellaisiin elämämme ongelmiin kuin sairauksiin ja köyhyyteen. Me voimme olla luottavaisin mielin Jumalan edessä ja saada Häneltä mitä ikinä me haluamme vasta sitten kun me omaamme puhtaan sydämen.

Pääsiäinen ja pyhä ehtoollinen

Myöskään me emme voi ottaa osaa pääsiäisateriaan ennen ympärileikkaustamme. Tämä liittyy nykypäivän pyhään ehtoolliseen. Pääsiäinen on juhla jonka aikana syödään karitsan lihaa, ja pyhä ehtoollinen on Jeesuksen verta ja lihaa symboloivien leivän ja viinin nauttimista.

> *"Niin Jeesus sanoi heille: 'Totisesti, totisesti minä sanon teille: ellette syö Ihmisen Pojan lihaa ja juo hänen vertansa, ei teillä ole elämää itsessänne. Joka syö minun lihani ja juo minun vereni, sillä on iankaikkinen elämä, ja minä herätän hänet viimeisenä päivänä'"* (Joh. 6:53-54).

Tässä 'Ihmisen Poika' viittaa Jeesukseen ja Ihmisen Pojan liha viittaa Raamatun 66 kirjaan. Ihmisen Pojan lihan syöminen viittaa Raamattuun kirjoitetun Jumalan totuuden nauttimista.

Samalla kun me syömme Ihmisen Pojan lihaan meidän täytyy myös juoda voidaksemme sulattaa tämän sanan paremmin, aivan kuten me tarvitsemme nestettä ruuan sulattamiseen.

'Ihmisen Pojan veren juominen' tarkoittaa todellista uskomista ja Jumalan sanan noudattamista. Jumalan sanasta ei ole meille mitään hyötyä jos me emme noudata sitä sen jälkeen kun me olemme kuulleet ja oppineet tuntemaan sen.

Totuus tulee sydämeemme ja imeytyy meihin niin kuin

ravintoaineet imeytyvät kehoomme kun me ymmärrämme
Raamatun 66 kirjassa olevan Jumalan sanan ja elämme sen
mukaan. Tällöin synnistä ja pahuudesta tulee pois heitettävää
jätettä niin että meistä tulee yhä suuremmassa määrin totuuden
ihmisiä saadaksemme ikuisen elämän.

Jos me otamme 'rakkauden' ravintoaineen ja elämme sen
mukaisesti tämä sana tulee imeytymään meihin ravintoaineena.
Tämän vastaiset vihan, kateuden ja mustasukkaisuuden kaltaiset
asiat tulevat heitetyiksi pois jätteenä. tällöin me omaamme
rakkauden täydellisen sydämen.

Meidän sydämemme täytyy myös rauhalla ja vanhurskaudella,
ja kaikki riidat, kinastelut, vastentahtoisuus ja epävanhurskaus
menevät pois.

Kuka saa ottaa osaa pyhään ehtoolliseen

Exodukseen ympärileikatut saattoivat ottaa osaa pääsiäisen
välttääkseen esikoisensa kuoleman. Samalla tavalla meidät
sinetöidään Jumalan lapsiksi nykyään kun me otamme
Jeesuksen Kristuksen vastaan pelastajaksi ja saamme päällemme
Pyhän Hengen. Näin me saamme oikeuden ottaa osaa pyhään
ehtoolliseen.

Pääsiäisessä oli kuitenkin kyseessä vain pelastus esikoisen
kuolemasta. Heidän täytyi silti vaeltaa erämaassa täydellisen
pelastuksen saamiseksi. Samalla tavalla meidänkin täytyy
käydä lävitse prosessi saadaksemme ikuisen pelastuksen siitä

huolimatta että me olemme jo saaneet Pyhän Hengen ja me saamme ottaa osaa pyhään ehtoolliseen. Me olemme saapuneet pelastuksen porteille ottamalla vastaan Jeesus Kristus ja niin meidän täytyy noudattaa Jumalan sanaa elämässämme. Meidän täytyy marssia kohti taivaallisen kuningaskunnan ja ikuisen pelastuksen portteja.

Me emme voi ottaa osaa pyhään ehtoolliseen jossa me syömme ja juomme Herran verta ja lihaa jos me olemme tehneet syntiä. Meidän täytyy ensin tutkiskella itseämme, katua kaikkia tekemiämme syntejä ja sitten puhdistaa sydämemme voidaksemme ottaa osaa pyhään ehtoolliseen.

"Sentähden, joka kelvottomasti syö tätä leipää tai juo Herran maljan, hän on oleva vikapää Herran ruumiiseen ja vereen. Koetelkoon siis ihminen itseänsä, ja niin syököön tätä leipää ja juokoon tästä maljasta; sillä joka syö ja juo erottamatta Herran ruumista muusta, syö ja juo tuomioksensa" (1. Kor. 11:27-29).

Jotkut sanovat että ainoastaan vedellä kastetut ihmiset voivat ottaa osaa Pyhään Ehtoolliseen. Me saamme kuitenkin Pyhän Hengen lahjana kun me otamme Jeesuksen Kristuksen vastaan. Näin meillä kaikilla on oikeus tulla Jumalan lapseksi.

Täten me voimme ottaa osaa pyhään ehtoolliseen sen jälkeen kun me olemme katuneet syntejämme jos me olemme saaneet Pyhän Hengen osaksemme ja meistä on tullut Jumalan lapsia. Sillä ei ole väliä että meitä ei ole kastettu vielä vedellä.

Pyhän ehtoollisen kautta me muistamme jälleen armeliaan Herran joka naulittiin ristille ja joka vuodatti verensä meidän puolestamme. Meidän tulisi myös tutkiskella itseämme ja opetella ja noudattaa Jumalan sanaa.

1. Korinttolaiskirje 11:23-25 sanoo: *"Sillä minä olen saanut Herralta sen, minkä myös olen teille tiedoksi antanut, että Herra Jeesus sinä yönä, jona hänet kavallettiin, otti leivän, kiitti, mursi ja sanoi: 'Tämä on minun ruumiini, joka teidän edestänne annetaan; tehkää tämä minun muistokseni.' Samoin hän otti myös maljan aterian jälkeen ja sanoi: 'Tämä malja on uusi liitto minun veressäni; niin usein kuin te juotte, tehkää se minun muistokseni.'"*

Joten minä kehotan teitä tutkimaan pääsiäisen ja pyhän ehtoollisen todellista tarkoitusta, sekä syömään tunnollisesti Herran lihaa ja syömään Hänen vertaan jotta sinä voisit heittää pois kaikenlaisen pahan ja saavuttaa täydellisen sydämen ympärileikkauksen.

Luku 9

Exodus ja happamattoman leivän juhla

Exodus 12:15-17

"Seitsemän päivää syökää happamatonta leipää; jo ensimmäisenä päivänä korjatkaa pois hapan taikina taloistanne. Sillä jokainen, joka hapanta syö, ensimmäisestä päivästä seitsemänteen päivään asti, hävitettäköön Israelista. Ensimmäisenä päivänä pitäkää pyhä kokous ja samoin myös seitsemäntenä päivänä pyhä kokous. Mitään työtä älköön tehtäkö niinä päivinä; ainoastaan se, mitä kukin tarvitsee ruuaksi, ainoastaan se valmistettakoon. Ja pitäkää tätä happamattoman leivän juhlaa, sillä juuri sinä päivänä minä vein teidän joukkonne pois Egyptin maasta; sentähden pitäkää tätä päivää, sukupolvesta sukupolveen, ikuisena säädöksenä."

"Antakaa anteeksi mutta älkää unohtako"

Tämä lause löytää Yad Vashem Holocaust Museumin sisäänkäynnin yläpuolelta Jerusalemissa. Tämän museon tarkoituksena on muistaa natsien toisen maailmansodan aikana tappamia kuutta miljoonaa juutalaista jotta tämä ei tapahtuisi uudelleen.

Israelin historia on muistamisen historiaa. Jumala sanoo Raamatussa että heidän on muistettava menneisyytensä, pidettävä se mielessä ja talletettava se seuraaville sukupolville.

Jumala käski israelilaisia pitämään happamattoman leivän juhlan sen jälkeen kun he pelastuivat esikoisen kuoleman vitsaukselta pääsiäisen vieton avulla ja kun he olivat päässeet pois Egyptistä. Hän sääti näin jotta israelilaiset voisivat muistaa ikuisesti sen päivän jona he vapautuivat Egyptin orjuudesta.

Exoduksen hengellinen merkitys

Exoduksen päivä ei merkitse ainoastaan päivää jona Israelin kansa sai vapautensa monta tuhatta vuotta sitten.

'Egypti', jossa israelilaiset elivät orjuudessa symboloi 'tätä maailmaa' joka paholais-vihollisen hallussa. Israelilaisia vainottiin ja kohdeltiin kaltoin kun he olivat Egyptissä orjina, ja samalla tavalla ihmiset kärsivät Saatanan aiheuttamista kivuista ja suruista jos he eivät tunne Jumalaa.

Israelilaiset todistivat Mooseksen kautta tapahtuneita kymmentä vitsausta, ja näin he oppivat tuntemaan Jumalaa. He seurasivat Moosesta Egyptistä mennäkseen Kanaanin maan luvattuun maahan jonka Jumala oli heidän esi-isälleen Aabrahamille luvannut.

Tämä sama koskee nykyajan ihmisiä jotka elivät ennen tuntematta Jumalaa mutta jotka sitten ottivat Jeesuksen Kristuksen vastaan.

Israelilaisten pakeneminen Egyptistä on verrattavissa siihen että ihmiset jättävät paholais-vihollisen ja Saatanan orjuuden ottamalla Jeesuksen Kristuksen vastaan ja tulemalla Jumalan lapseksi.

Israelilaisten matka maitoa ja hunajaa virtaavaan Kanaanin maahan ei eroa uskovien tekemästä matkasta kohti taivaan kuningaskuntaa.

Maitoa ja hunajaa virtaava Kanaanin Maa

Jumala ei ohjannut israelilaisia suoraan Kanaanin maahan exoduksen aikaan. Heidän täytyi kulkea erämaan kautta sillä filistealaisten vahva kansakunta sijaitsi heidän suoran reittinsä tiellä.

Heidän olisi täytynyt sotia filistealaisia vastaan jos he olisivat halunneet kulkea tämän maan läpi. Jumala tiesi että tässä tapauksessa osa ihmisistä jotka eivät omanneet tarpeeksi uskoa olisivat palanneet takaisiin Egyptiin.

Samalla tavalla Jeesuksen Kristuksen juuri hyväksyneet ihmiset eivät saa todellista uskoa saman tien. Tämän tähden he eivät pakosti läpäise voimakkaan filistealaisten kansakunnan tapaista koettelemusta ja kenties hylkäävät uskonsakin.

Tämän tähden Jumala sanoo: *"Teitä ei ole kohdannut muu kuin inhimillinen kiusaus; ja Jumala on uskollinen, hän ei salli teitä kiusattavan yli voimienne, vaan salliessaan kiusauksen hän valmistaa myös pääsyn siitä, niin että voitte sen kestää"* (1. Kor. 10:13).

Myös meidän edessämme odottaa uskon matka joka kestää aina siihen saakka että me saavutamme taivaan kuningaskunnan, Kanaanin maan, aivan kuten israelilaisetkin joutuivat vaeltamaan erämaassa niin kauan kunnes he saavuttivat oman Kanaanin maansa.

Erämaan ankaruudesta huolimatta uskoa omaavat eivät palanneet Egyptiin sillä he odottivat malttamattomina Kanaanin maan vapautta, rauhaa sekä yltäkylläisyyttä joista he eivät olleet Egyptissä voineet nauttia. Sama koskee meitä tänä päivänä.

Joskus meidän täytyy vaeltaa kapealla ja vaikealla polulla mutta me silti uskomme taivaallisen valtakunnan kauniiseen kirkkauteen. Joten me emme pidä tätä kilpaa vaikeana vaan voitamme kaiken Jumalan avulla ja voimalla.

Lopulta Israelin kansa aloitti matkansa kohti Kanaania, virtaavan maidon ja hunajan maata kohti. He jättivät taakseen maan jossa he olivat asuneet yli 400 vuoden ajan ja aloittivat uskon vaelluksensa Mooseksen johtajuudessa.

Osa ihmisistä lähti matkalle karjan kanssa. Toiset pakkasivat egyptiläisiltä saamaansa vaatetusta, hopeaa sekä kultaa. Jotkut pakkasivat happamatonta leipää samalla kun toiset pitivät huolta lapsista ja vanhuksista. Lähtöään kiireisesti valmistavien israelilaisten lukumäärä oli määrätön.

"Ja israelilaiset lähtivät liikkeelle ja kulkivat Ramseksesta Sukkotiin; heitä oli noin kuusisataa tuhatta jalkamiestä, paitsi vaimoja ja lapsia. Ja myös paljon sekakansaa meni heidän kanssansa, sekä lampaita ja raavaskarjaa suuret laumat. Ja he leipoivat siitä taikinasta, jonka olivat tuoneet Egyptistä, happamattomia leipiä; sillä se ei ollut hapannut, kun heidät karkoitettiin Egyptistä. He eivät olleet saaneet viipyä, eivätkä he myöskään olleet valmistaneet itsellensä evästä" (Exodus 12:37-39).

Tänä päivänä heidän sydämensä olivat täynnä vapautta, toivoa ja pelastusta. Jumala käski heitä pitämään kaikkien sukupolvien ajan happamattoman leivän juhlan tämän päivän muistoksi.

Happamattoman leivän juhla

Nykyään kristillinen maailma viettää happamattoman leivän juhlan sijasta pääsiäistä. Pääsiäisenä kiitetään Jumalaa siitä että Hän on antanut meille kaikki meidän syntimme anteeksi Jeesuksen Kristuksen ristiinnaulitsemisen kautta. Me myös juhlistamme tätä päivää sen tähden että tänä päivänä me pystyimme astumaan pimeydestä valoon Hänen ylösnousemuksensa kautta.

Happamattoman leivän juhla on yksi Israelin kolmesta suuresta pyhästä. Sillä muistetaan sitä että he pääsivät Egyptistä Jumalan käden avulla. Pääsiäisyöstä alkaen Israelissa syödään happamatonta leipää seitsemän päivän ajan.

Faarao ei muuttanut mieltään edes sen jälkeen kun hän oli kansalaisineen kärsinyt kaikista vitsauksista. Lopulta Egyptin täytyi kokea esikoisten kuoleman vitsaus ja jopa faarao itse menetti oman poikansa. Tämän jälkeen faarao kutsui Mooseksen ja Aaronin nopeasti luokseen ja käski heitä lähtemään välittömästi Egyptistä. Heillä ei siis ollut aikaa antaa leivän kohota, ja tämän tähden heidän täytyi syödä happamatonta leipää.

Jumala antoi heidän syödä happamatonta leipää myös sen tähden että he muistaisivat vaikeat ajat ja kiittäisivät siitä että heidät on vapautettu orjuudesta.

Pääsiäinen juhlistaa sitä että israelilaiset pelastuivat esikoisten kuoleman vitsauksesta. He syövät karitsaa, katkeria yrttejä sekä happamatonta leipää. Happamattoman leivän juhla muistuttaa heitä siitä että heidän täytyi syödä happamatonta leipää viikon ajan sen jälkeen kun heidän täytyi jättää Egypti kovalla kiireellä.

Nykyään israelilaiset juhlistavat pääsiäistä happamattoman leivän juhla mukaan lukien koko viikon ajan.

*"Älä syö sen ohella hapanta. Syö seitsemänä päivänä
sen ohella happamatonta leipää, kurjuuden leipää-
sillä kiiruusti sinä lähdit pois Egyptin maasta-että alati
muistaisit sitä päivää, jona lähdit Egyptin maasta"* (5.
Moos. 16:3).

Happamattoman leivän juhlan hengellinen merkitys

*"Seitsemän päivää syökää happamatonta leipää;
jo ensimmäisenä päivänä korjatkaa pois hapan
taikina taloistanne. Sillä jokainen, joka hapanta syö,
ensimmäisestä päivästä seitsemänteen päivään asti,
hävitettäköön Israelista"* (Exodus 12:15).

Tässä 'ensimmäinen päivä' viittaa pelastuksen päivään.
Israelilaiset välttivät esikoisen kuoleman vitsauksen ja lähtivät
Egyptistä minkä jälkeen heidän täytyi syödä happamatonta
leipä seitsemän päivän ajan. Samalla tavalla meidän täytyy syödä
hengellisesti happamatonta leipää voidaksemme pelastua sen
jälkeen kun me olemme ottaneet Jeesuksen Kristuksen ja Pyhän
Hengen vastaan.

Hengellisesti happamattoman leivän syöminen tarkoittaa
maailman hylkäämistä ja kapean polun valitsemista.
Otettuamme Jeesuksen Kristuksen vastaan meidän on
alennettava itsemme ja kuljettava kapealla tiellä voidaksemme

pelastua nöyrin sydämin.

Kohonneen leivän syöminen happamattoman leivän syömisen sijaan tarkoittaa lavean ja helpon polun valitsemista merkityksettömien maailmallisten asioiden jahtaamiseksi. Tämän tien valinnut henkilö ei tietenkään tule pelastumaan. Tämän tähden Jumala sanoi että kohonneen leivän syöjät erotettaisiin Israelin kansasta.

Mitä me voimme sitten nykyään oppia happamattoman leivän juhlasta?

Ensinnäkin, meidän täytyy aina muistaa ja kiittää Jumalan rakkaudesta sekä meille vapaasti Jeesuksen Kristuksen lunastuksen kautta annettavasta pelastuksesta.

Israelilaiset muistavat Egyptin orjuuden päiviä syömällä happamatonta leipää seitsemän päivän ajan ja he kiittävät Jumalaa siitä että Hän pelasti heidät. Samalla tavalla meidän uskovien, jotka olemme hengellisesti israelilaisia, täytyy pitää mielessämme meidät ikuisen elämän polulle johdattaneen Jumalan armo ja rakkaus, ja kiittää Häntä kaikissa tilanteissa.

Meidän täytyy muistaa se päivä jolloin me kohtasimme ja koimme Jumalan sekä päivän jolloin me synnyimme uudelleen vedellä ja Hengellä. Meidän täytyy kiittää Jumalaa Hänen armoaan muistaen. Tämä on hengellisellä tasolla sama kuin happamattoman leivän juhla. Aidosti hyvän sydämen omaavat eivät koskaan unohda Herralta saamaansa armoa. Tämä on ihmisen velvollisuus ja tämä on kauniin sydämen hyvyyden teko.

Tämän hyvän sydämen avulla me emme koskaan unohda armoa ja rakkautta vaan kiitämme Herraa aina, olimme sitten missä tilanteessa tahansa.

Näin oli myös Habakukin kanssa, joka vaikutti kuningas Joosian aikana noin vuonna 600 eKr.

"Sillä ei viikunapuu kukoista, eikä viiniköynnöksissä ole rypäleitä; öljypuun sato pettää, eivätkä pellot tuota syötävää. Lampaat ovat kadonneet tarhasta, eikä ole karjaa vajoissa. Mutta minä riemuitsen Herrassa, iloitsen autuuteni Jumalassa" (Habakuk 3:17-18).

Kaldealaiset (babylonialaiset) uhkasivat hänen maataan, Juudaa, ja profeetta Habakukin täytyi nähdä kuinka hänen koko maansa oli sortuva. Hän ei kuitenkaan masentunut tästä vaan uhrasi Jumalalle kiitosta ja ylistystä.

Myös mekin voimme olla kiitollisia siitä että me saamme Jumalan armosta pelastua ilman mitään maksua, ja siten me voimme olla koko sydämemme pohjasta kiitollisia oli meidän tilanteemme elämässä sitten minkälainen tahansa.

Toisekseen, meidän ei tulisi jatkaa uskon elämäämme rutiinilla eikä meidän tule liukua takaisin aikaisempaan kuivaan elämään tai elää paikalleen juuttunutta kristillistä elämää.

Innoton kristillinen elämä on sitä että me pysymme samassa tilanteessa kuin missä me olemme olleet. Tämä on paikalleen juuttunutta elämää ilman muutosta tai liikettä. Tämä tarkoittaa sitä että meillä on haaleaa, tavanomaista uskoa. Tämä on uskon ulkoisten merkkien näyttämistä ilman sydämemme ympärileikkaamista.

Me voimme saada Jumalalta jonkinlaisen rangaistuksen jos me olemme uskossamme kylmä. Näin me voimme muuttua ja uusiutua. Jos me olemme haaleita me kuitenkin teemme maailman kanssa kompromisseja emmekä me yritä heittää syntejä pois. Me emme jätä Jumalaa tietoisesti tai tahallaan sillä me olemme saaneet Pyhän Hengen päällemme ja me olemme hyvin tietoisia sekä taivaan että helvetin olemassaolosta.

Me rukoilemme Jumalaa kun me kohtaamme vaikeuksia. Haaleauskoiset eivät kuitenkaan innostu mistään. Heistä tulee 'kirkossakävijöitä.'

He saattavat omata vikoja tai tuntea sydämessään ahdistusta tai tuskaa mutta ajan kuluessa myös nämä tunteet katoavat.

"Mutta nyt, koska olet penseä, etkä ole palava etkä kylmä, olen minä oksentava sinut suustani ulos" (Ilmestyskirja 3:16). nämä ihmiset eivät voi pelastua. Tämän tähden Jumala haluaa että me vietämme eri juhlia jotta me voimme tarkistaa uskoamme ja kasvaa täyteen ja kypsään uskon mittaan.

Kolmanneksi, meidän tulee aina säilyttää ensimmäisen rakkauden armo. Jos me olemme menettäneet tämän meidän

tulee miettiä missä kohtaa me olemme langenneet, katua, sekä nopeasti kääntyä synneistämme.

Kuka tahansa Herran Jeesuksen vastaan ottanut voi kokea ensimmäisen rakkauden armon. Jumalan armo ja rakkaus ovat niin suuria että hänen jokainen päivänsä tulee olemaan täynnä iloa ja onnea.

Aivan kuten vanhemmat jotka odottavat lapsensa kasvavan, niin myös Jumala odottaa Hänen lapsensa omaavan vakaampaa uskoa ja suuremman mitan uskoa. Meidän innostuksemme saattaa kuitenkin viiletä jos me menetämme ensimmäisen rakkauden armon. Me voimme tällöin jopa rukoillakin pelkästä velvollisuudentunnosta.

Me voimme menettää ensimmäisen rakkauden milloin tahansa jos me annamme sydämemme Saatanalle. Näin voi tapahtua siihen saakka että me saavutamme täydellisen ja kokonaisen pyhittymisen tason. Joten meidän täytyy äkkiä löytää syy siihen jos me olemme menettäneet ensimmäisen palavan rakkauden armon ja meidän täytyy heti katua ja kääntyä synneistämme pois.

Monet sanovat että kristillinen elämä on kapea ja vaikea mutta 5. Moos. 30:11 sanoo näin: *"Sillä tämä käsky, jonka minä tänä päivänä sinulle annan, ei ole sinulle vaikea täyttää eikä liian kaukana."* Uskossa elämisen matka ei ole koskaan vaikeaa jos me ymmärrämme kuinka paljon Jumala meitä rakastaa. Tämä johtuu siitä että tämänhetkisiä kärsimyksiä ei voida verrata meille myöhemmin annettavaan kirkkauteen. Me voimme olla onnellisia kun me ajattelemme tätä kirkkautta.

Joten viimeisinä päivinä elävinä uskovina meidän tulee aina noudattaa Jumalan sanaa ja elää joka hetki kirkkaudessa. Me voimme astua Kanaanin maitoa ja hunajaa virtaavaan maahan jos me valitsemme leveän maailmallisen tien sijasta kapeamman uskon tien.

Jumala antaa meille pelastuksen armon ja ensirakkauden ilon. Hän siunaa meidät saavuttamaan pyhittymisen ja uskon vaelluksemme kautta Hän tulee sallimaan meidän ryntäävän kohti taivaallista kuningaskuntaa.

Luku 10

Kuuliaisuuden ja siunausten elämä

5. Moos. 28:1-6

"Jos kuulet Herran, sinun Jumalasi, ääntä ja pidät
tarkoin kaikki hänen käskynsä, jotka minä tänä päivänä
sinulle annan, niin Herra, sinun Jumalasi, asettaa sinut
korkeammaksi kaikkia kansoja maan päällä. Ja kaikki
nämä siunaukset tulevat sinun osaksesi ja saavuttavat
sinut, jos kuulet Herran, sinun Jumalasi, ääntä. Siunattu
olet sinä kaupungissa ja siunattu olet kedolla. Siunattu on
sinun kohtusi hedelmä ja maasi hedelmä ja sinun karjasi
hedelmä, raavaittesi vasikat ja lampaittesi karitsat.
Siunattu on sinun korisi ja sinun taikinakaukalosi.
Siunattu olet tullessasi ja siunattu olet lähtiessäsi."

Israelin exoduksen historia on täynnä arvokkaita opetuksia. Matkallaan kohti Kanaanin maata israelilaiset kohtasivat koettelemuksia aivan kuten vitsauksista kärsineet egyptiläiset faaraoineen. Israelilaiset vastustivat Jumalan tahtoa ja siten he eivät menestyneet kansakuntana.

He välttivät esikoisen kuoleman vitsauksen pääsiäisen avulla. He alkoivat kuitenkin valittaa kun heiltä puuttui juomavettä ja ruokaa matkalla Kanaaniin.

He valmistivat kultaisen vasikan sitä palvoakseen ja haukkuivat luvattua maata. He jopa uhmasivat Mooseasta. Kaikki tämä johtui siitä että he eivät katsoneet kohti Kanaanin maata uskon silmillä.

Tämän johdosta Joosuaa ja Kaalebia lukuun ottamatta exoduksen koko ensimmäinen sukupolvi kuoli erämaassa. Vain Joosua ja Kaaleb uskoivat Jumalan lupaukseen ja noudattivat Hänen sanaansa. He pääsivät Kanaanin maahan exoduksen toisen sukupolven kanssa.

Kanaanin maahan saapumisen siunaus

Exoduksen ensimmäinen sukupolvi oli osa Egyptin pakanakulttuurin seassa 400 vuoden ajan kasvaneita sukupolvia. Tämän tähden he olivat menettäneet suuren osan uskostaan. Heidän sydämiinsä oli myös juurtunut paljon pahaa heidän kärsiessä vainoista ja kärsimyksistä.

Exoduksen toiseen sukupolveen kuuluneille israelilaisille oli kuitenkin opetettu Jumalan sanaa heidän lapsuudestaan lähtien. He erosivat vanhempiensa sukupolvesta sillä he olivat nähneet monia Jumalan voimallisia tekoja.

He ymmärsivät miksi heidän vanhempiensa sukupolvi ei voinut päästä Kanaanin maahan vaan joutui sen sijaan vaeltamaan erämaassa 40 vuoden ajan. He olivat valmiita olemaan Jumalalle kuuliaisia aidolla uskolla.

He vannoivat olevansa täysin uskollisia Jumalalle toisin kuin heidän vanhempiensa sukupolvi, joka valitti jatkuvasti siitä huolimatta että he todistivat lukemattomia Jumalan töitä. He tunnustivat että noudattaisivat täydellisesti Jumalan tahdosta Moosesta seurannutta Joosuaa.

"Niinkuin me olemme kaikessa totelleet Moosesta, niin me tottelemme sinuakin. Olkoon vain Herra, sinun Jumalasi, sinun kanssasi, niinkuin hän oli Mooseksen kanssa. Jokainen, joka niskoittelee sinun käskyjäsi vastaan eikä tottele sanojasi kaikessa, mitä hänelle käsket, surmattakoon. Ole vain luja ja rohkea" (Joosua 1:17-18).

Israelilaisten erämaassa vaeltaen viettämät 40 vuotta eivät olleet pelkkä rangaistus. Tämä oli myös hengellistä harjoittelua Kanaanin maahan astuvalle exoduksen toiselle sukupolvelle.

Jumala sallii meidän kokevan erilaista hengellistä harjoitusta jotta me voimme omata hengellistä uskoa ennen kuin Hän antaa meille siunauksia. Tämä johtuu siitä että ilman hengellistä uskoa me emme voi saada pelastusta emmekä me voi mennä taivaalliseen kuningaskuntaan.

On myös todennäköistä että suurin osa meistä palaisi takaisin maailmalliseen elämään jos Jumala antaisi meille siunauksia ennen kuin me omaamme hengellistä uskoa. Joten tämän tähden Jumala näyttää meille ihmeellisiä voiman tekoja ja sallii meidän joskus kohdata tulisia koettelemuksia jotta meidän uskomme voi kasvaa.

Toisen sukupolven ensimmäinen kuuliaisuuden koe oli Jordan-joki. Tämä joki virtasi Mooabin tasangon ja Kanaanin maan välillä, ja tuohon aikaan sen virta oli erittäin voimakas ja joki itsessään tulvi sangen usein.

Mitä Jumala sanoi tämän suhteen? Hän käski pappeja ottamaan liiton arkin, kantamaan sitä joukon edessä ja astumaan Jordan-jokeen. Heti kun ihmiset kuulivat Jumalan tahdon Joosuan kautta he alkoivat epäröimättä marssia kohti jokea papit kulkueen edessä.

He uskoivat kaiken tietävään ja kaikkivoipaan Jumalaan, ja tämän tähden he pystyivät olemaan kuuliaisia ilman epäilyksiä tai valituksia. Tämän johdosta joen virta lakkasi heti kun liiton arkkia kantaneiden pappien varpaat koskivat vettä, ja niin he pystyivät ylittämään joen kuin kuivaa maata pitkin.

He myös tuhosivat murtamattomaksi sanotun Jerikon kaupungin. Toisin kuin nykyään, tuohon aikaan oli melkein mahdotonta tuhota vahvoja muureja, jotka oikeasti muodostuivat kahdesta muurikerroksesta, sillä heillä ei ollut tuohon aikaan tehokkaita aseita.

Olisi ollut äärimmäisen vaikeaa tuhota tämä muuri vaikka he olisivat käyttäneet kaikki voimansa. Jumala kuitenkin käski heitä marssimaan kaupungin ympäri kerran päivässä kuuden päivän ajan. Seitsemäntenä päivänä heidän oli noustava aikaisin, marssittava kaupungin ympäri seitsemän kertaa ja huudettava kovalla äänellä.

Exoduksen toinen sukupolvi alkoi marssia muurin ympäri epäröimättä tilanteessa jossa vihollisjoukot seisoivat muurin päällä vartiossa.

Vihollinen olisi saattanut ampua heitä kohti paljon nuolia tai aloittanut voimakkaan hyökkäyksen heitä kohtaan. Silti he noudattivat Jumalan tahtoa tässä vaarallisessa tilanteessa ja marssivat kaupungin ympäri. Jopa vahvojen muurien oli sorruttava kun Israelin kansa noudatti Jumalan sanaa.

Siunausten saaminen kuuliaisuuden kautta

Kuuliaisuus voi muuttaa kaikki olosuhteet. Tämä on tunneli jonka avulla Jumalan ihmeellinen voima voidaan tuoda alas. Ihmisten näkökulmasta käsin me saatamme kuvitella että jonkin asian noudattaminen on mahdotonta. Jumalan silmissä ei ole kuitenkaan mitään mitä me emme voi noudattaa, ja Jumala on itse kaikkivoipa.

Voidaksemme osoittaa tämänkaltaista kuuliaisuutta meidän täytyy kuulla ja ymmärtää Jumalan sanaa Pyhän Hengen avulla karistan tulen päällä paistamisen tavoin.

Israelin kansa on noudattanut pääsiäisen ja happamattoman leivän juhlan asetuksia sukupolvien ajan, ja samalla tavalla meidän tulee muistaa Jumalan sana ja pitää se mielessämme. Meidän täytyy jatkaa sydämemme ympärileikkaamista Jumalan sanan avulla, ja meidän tulee heittää synti ja pahuus pois kiitollisena pelastuksen armosta.

Vasta tällöin meille annetaan aitoa uskoa ja me voimme tehdä täydellisiä uskon tekoja.

Saattaa olla sellaisia tilanteita joissa me emme voi olla kuuliaisia jos me ajattelemme asiaa omien teorioidemme, tietoutemme tai järkemme mukaan. Jumala kuitenkin haluaa että me olemme kuuliaisia jopa näissä tilanteissa. Jumala tekee suuria tekoja ja antaa meille ihmeellisiä siunauksia kun me olemme näissä tilanteissa kuuliaisia.

Monet ihmiset saavat Raamatussa uskomattomia siunauksia kuuliaisuuden kautta. Daniel ja Joosef saivat siunauksia heidän vakaan uskonsa tähden, sillä he pitivät Jumalan sanan jopa kuolemankin edessä. Me voimme nähdä kuinka mieltynyt Jumala on Hänelle kuuliaisia oleviin ihmisiin Aabrahamin, uskon isän, elämän kautta.

Aabrahamille annetut siunaukset

"Ja Herra sanoi Abramille: 'Lähde maastasi, suvustasi ja isäsi kodista siihen maahan, jonka minä sinulle osoitan. Niin minä teen sinusta suuren kansan, siunaan sinut ja teen sinun nimesi suureksi, ja sinä olet tuleva siunaukseksi'" (Genesis 12:1-2).

Tuohon aikaan Aabraham ei ollut enää nuori, sillä hän oli 75-vuotias. Hänelle ei ollut helppoa lähteä kotimaastaan ja jättää kaikki sukulaisensa taakse sillä hänellä ei ollut ollenkaan poikia jotka voisivat periä hänet.

Jumala ei antanut hänelle mitään tiettyä paikkaa minne mennä, vaan käski häntä vain lähtemään. Olisi ollut hyvin vaikea tehdä näin jos asiaa olisi ajatellut ihmisten näkökulmasta. Hänen täytyi jättää taakseen kaiken mitä hän oli koskaan saanut koottua ja muuttaa täysin vieraaseen paikkaan.

Ei ole helppoa jättää kaikkea taakseen ja mennä uuteen paikkaan vaikka me tietäisimmekin että meidän tulevaisuutemme olisi taattu. Kuinka moni ihminen jättää taakseen kaiken omistamansa jos tulevaisuus ei ole oikein selvä? Aabraham kuitenkin totteli.

Eräässä toisessa tilanteessa Aabrahamin tottelevaisuus paistoi yhä kirkkaammin. Jumala salli Aabrahamin kohdata koettelemuksen antaakseen tälle siunauksia ja nauttiakseen Aabrahamin nöyryydestä yhä täydellisemmin.

Jumala käski Aabrahamia uhraamaan ainoan poikansa Iisakin. Iisak oli Aabrahamille hyvin rakas. Aabraham piti tätä itseään kallisarvoisempana mutta silti noudatti Jumalan tahtoa epäröimättä.

Genesis 22:3 kertoo meille että siitä seuraavana päivänä kun Jumala oli hänelle puhunut Aabraham nousi aikaisin aamulla ylös ja valmistautui antamaan Jumalalle uhrin. Hän meni paikkaan jonka Jumala oli hänelle ilmoittanut.

Tässä tilanteessa Aabraham osoitti paljon suurempaa kuuliaisuutta kuin silloin kun hänen piti jättää maansa ja isänsä talo. Tuolloin hän totteli tietämättä mikä Jumalan tahto oikein oli. Hän kuitenkin ymmärsi mitä Jumala halusi ja totteli kun Jumala käski häntä antamaan poikansa Iisak polttouhrina. Heprealaiskirje 11:17-19 kertoo että Aabraham uskoi että Jumala herättäisi Iisakin henkiin jos Aabraham uhraisi hänet, sillä Iisak oli Jumalan lupaama siemen.

Jumala oli iloinen tästä Aabrahamin osoittamasta uskosta ja Hän valmisti itse uhrin. Aabrahamin läpäistyä tämän koettelemuksen Jumala kutsui häntä ystäväkseen ja antoi hänelle paljon siunauksia.

Jopa tänäkin päivänä Israelissa on suuri puute vedestä. Tuohon aikaan siitä oli yhä suurempi puute Kanaanin maassa. Aabraham löysi kuitenkin kaikkialta runsaasti vettä. meni hän sitten mihin tahansa. Jopa hänen kanssaan asunut Loot, hänen veljenpoikansa, sai paljon siunauksia.

Aabrahamilla oli paljon karjaa sekä runsaasti kultaa ja hopeaa.

Hän oli hyvin rikas. Kun hänen veljenpoikansa Loot otettiin vangiksi Aabraham lähti 318 talostaan kootun miehen kanssa ja pelasti veljenpoikansa. Pelkästään tämä kertoo meille kuinka rikas hän oli.

Aabraham noudatti Jumalan sanaa. Hänen maansa ja sen ympäristö sai hänen kauttaan siunauksia ja myös hänen lähipiiriään siunattiin.

Myös hänen poikansa Iisak sai Aabrahamin kautta siunauksia ja hän sai niin paljon jälkeläisiä että niistä muodostui oma valtio. Lisäksi Jumala sanoi että Hän tulisi siunaamaan ketä tahansa joka siunaisi häntä, ja että Hän tulisi kiroamaan kenet tahansa joka kiroaisi häntä. Aabrahamia kunnioitettiin niin paljon että jopa naapurimaiden kuninkaat antoivat hänelle lahjoja.

Aabraham nautti kaikista siunauksista joita ihminen voi maan päällä saada osakseen vauraus, maine, kunnia, valta, terveys ja jälkikasvu mukaan lukien. Mooseksen viidennen kirjan luvun 28 mukaan hän sai siunauksia sekä tullessaan että mennessään.

Hänestä tuli siunausten lähde sekä uskon isä. hän myös ymmärsi Jumalan sydäntä ja Jumala pystyi jakamaan sydämensä hänen kanssaan ystävänä. Kuinka ihmeellinen tämä siunaus onkaan!

Jumala on itse rakkaus, ja siten Hän haluaa kaikkien olevan Aabrahamin kaltaisia ja saavuttavan siunatun ja kirkkaan aseman. Tämän tähden Jumala jätti Aabrahamista kertovan yksityiskohtaisen kertomuksen. Hänen esimerkkiään seuraava ja Jumalan sanaa noudattava henkilö voi saada samat siunauksen niin tullessaan ja mennessään kuin Aabrahamkin.

Meitä siunaavan tahtovan Jumalan rakkaus ja oikeudenmukaisuus

Me olemme puhuneet Egyptiä kohdanneista kymmenestä vitsauksesta sekä Israelin pelastuksen mahdollistaneesta pääsiäisestä. Tämän kautta me voimme ymmärtää miksi me kohtaamme vastoinkäymisiä, kuinka me voimme välttää niitä ja kuinka me voimme pelastua.

Meidän täytyy ymmärtää että ongelmat ja sairaudet joista me kärsimme ovat alun perin oman pahuutemme aiheuttamia. Joten meidän täyty nopeasti tutkiskella tekojamme, katua ja heittää pois kaikenlainen paha. Aabrahamin kautta me voimme myös ymmärtää minkälaisia ihmeellisiä ja kuvittelemattomia siunauksia Hän antaa kuuliaisille ihmisille.

Kaikilla katastrofeilla on syynsä. Niiden lopputulokset kuitenkin riippuvat siitä kuinka paljon me niitä mietimme sydämellämme, käännymme pois synnistä ja pahuudesta sekä muutamme itseämme. Osa ihmisistä maksaa hinnan tekemistään vääristä teoista kun taas toiset löytävät sydämessään olevan pimeyden tai pahuuden kärsimyksen kautta ja käyttävät tätä tilaisuutta itsensä muuttamiseen.

Viidennen Mooseksen kirjan luku 28 vertaa meitä kohtaavia siunauksia ja meitä kohtaavia kirouksia jotka riippuvat siitä olemmeko me Jumalaa kohtaan niskoittelevia vai kuuliaisia.

Jumala tahtoo meidän saavan siunauksia. Hän kuitenkin sanoi seuraavasti jakeessa 5. Moos. 11:26: *"Katso, minä asetan tänä päivänä teidän eteenne siunauksen ja kirouksen."* Valinta on siis meidän itsemme. Me korjaamme papuja jos kylvämme papuja, ja samalla tavalla me kärsimme Saatanan aiheuttamista katastrofeista omien syntiemme tähden. Tässä tapauksessa Jumalan on sallinut meidän kohtaavan näitä vaikeuksia oikeudenmukaisuutensa mukaisesti.

Vanhemmat tahtovat lastensa menestyvän. He sanovat "Opiskele ahkerasti" ja "Elä lainkuuliaista elämää" ja "Noudata liikennesääntöjä." Samankaltaisella sydämellä Jumala on antanut meille Hänen käskynsä ja Hän tahtoo meidän noudattavan niitä. Vanhemmat eivät koskaan halua että heidän lapsensa niskoittelisivat heitä kohtaan ja uppoaisivat epäonnen ja tuhon tielle. Samalla tavoin Jumala ei koskaan halua että me kärsimme vaikeuksista.

Minä rukoilen Herran Jeesuksen Kristuksen nimeen, että te kaikki ymmärtäisitte että Jumala ei tahdo lapsilleen vaikeuksia vaan ainoastaan siunauksia ja koko elämän kestävää kuuliaisuutta, ja että te tietäisitte että Hän haluaa teidän saavan siunauksia niin tullessanne kuin mennessännekin, ja että te kukoistaisitte kaikessa mitä te teette.

Tekijä
Pastori Dr. Jaerock Lee

Dr. Jaerock Lee syntyi Muan'issa Jeonnam provinssissa, Korean Tasavallassa vuonna 1943. Kaksikymmenvuotiskautenaan Dr. Lee kärsi useista parantumattomista sairauksista seitsemän vuotta ja odotti kuolemaa ilman toivoa paranemisesta. Kuitenkin, eräänä kevätpäivänä 1974, hänen sisarensa vei hänet kirkkoon. Hänen polvistuessaan rukoilemaan elävä Jumala välittömästi paransi hänet kaikista hänen sairauksistaan.

Siitä hetkestä alkaen, jolloin Dr. Lee kohtasi elävän Jumalan tuon ihmeellisen kokemuksen kautta, hän on rakastanut Jumalaa koko sydämellään ja rehellisyydellään ja kutsuttiin vuonna 1978 Jumalan palvelijaksi. Hän rukoili kiihkeästi oppiakseen ymmärtämään Jumalan tahtoa ja saavutti sen täysin, sekä noudatti Jumalan kaikkia sanoja. Vuonna 1982 hän perusti Manmin kirkon Seoul'iin ja lukemattomia Herran töitä, mukaanlukien ihmeparantumisia ja ihmeitä, on tapahtunut hänen kirkossaan.

Vuonna 1986 Dr. Lee vihittiin papiksi Jeesuksen Sungkyal kirkon vuosikokouksessa Koreassa ja neljä vuotta myöhemmin hänen saarnojansa alettiin lähettää Australiaan, USAhan, Venäjälle, Filippiineille, ja muualle Far East Broadcasting Company'n, Asia Broadcast Station'in ja Washington Christian Radio System'in kautta.

Kolme vuotta myöhemmin 1993 Manmin Central Church valittiin yhdeksi "Maailman 50 parhaaksi kirkoksi" Christian World lehden (Amerikka) toimesta ja hän vastaanotti jumaluusopin kunniatohtorin arvon Christian Faith College'sta, Florida'ssa, USA'ssa, ja vuonna 1996 tohtorinarvon pappeudessa Kingsway Theological Seminary'sta, Iowa'ssa, USA'ssa.

Vuodesta 1993 Dr. Lee on johtanut maailmanlähetystä monilla ulkomaan ristiretkillä, Tansaniassa, Argentiinassa, Ugandassa, Japanissa, Pakistanissa, Keniassa, Filippiineillä, Hondurasissa, Intiassa, Venäjällä, Saksassa, Perussa, Kongon Demokraattisesa Tasavallassa, ja New Yorkissa Amerikassa. Vuonna 2002 hänet nimitettiin "maailmanlaajuiseksi pastoriksi" Korean johtavien kristillisten lehtien toimesta hänen ulkomaisilla ristiretkillä tekemänsä työn johdosta.

Elokuu 2014 Manmin Central Church seurakunnassa oli yli 120.000 jäsentä ja 10.000 kotimaista ja ulkomaista sivukirkkoa ympäri maapalloa. Kirkko on tähän mennessä lähettänyt yli 123 lähettilästä 23 maahan, mukaanlukien Yhdysvallat, Venäjä, Saksa, Kanada, Japani, Kiina, Ranska, Intia, Kenia, ja monta muuta maata.

Tähän päivään mennessä Dr. Lee on kirjoittanut 93 kirjaa, mukaan lukien bestsellerit *Ikuisen Elämän Maistaminen Ennen Kuolemaa, Minun Elämäni, Minun Uskoni I & II, Ristin Sanoma, Uskon Mitta, Henki Sielu ja Ruumis, Taivas I & II, Helvetti* sekä Jumalan Voima. Hänen teoksiaan on käännetty yli 76 kielelle.

Dr. Lee on nykyisin perustaja ja presidentti lukuisissa lähetysorganisaatioissa ja yhdistyksissä. Hän on puheenjohtaja, The United Holiness Church of Jesus Christ; presidentti, Manmin World Mission; perustaja & johtokunnan puheenjohtaja, Global Christian Network (GCN); perustaja & johtokunnan puheenjohtaja, The World Christian Doctors Network (WCDN); ja perustaja & johtokunnan puheenjohtaja, Manmin International Seminary (MIS).

Taivas I & II

Yksityiskohtainen kuvaus siitä ihmeellisestä elinympäristöstä josta taivaalliset kansalaiset saavat nauttia sekä taivaallisen kuningaskunnan eri tasoista.

Ristin Sanoma

Voimallinen herätysviesti kaikille niille jotka ovat hengellisesti nukuksissa. Tästä kirjasta sinä löydät Jumalan todellisen rakkauden ja syyn siihen että Jeesus on Pelastaja.

Helvetti

Vilpitön viesti koko ihmiskunnalle Jumalalta, joka ei tahdo yhdenkään sielun joutuvan helvetin syvyyksiin! Sinä löydät koskaan aikaisemmin paljastamattoman kuvauksen Helvetin julmasta todellisuudesta.

Minun Elämäni, Minun Uskoni I & II

Dr. Jaerock Leen omaelämäkerta, joka välittää lukijoilleen kauniin hengellisen aromin. Leen elämän on perustunut Jumalan rakkauteen hänen kerran koettua pimeyden tummat aaallot, sen kylmän ikeen ja syvimmän epätoivon.

Uskon Mitta

Minkälainen asuinsija sinulle on valmistettu taivaaseen ja minkälaiset palkkiot odottavat sinua siellä? Tämä kirja antaa sinulle viisautta ja ohjeistusta jotta sinä voisit mitata uskosi määrän ja kasvattaa uskostasi syvemmän ja kypsemmän.